NADA MÁS QUE LA VERDAD

Cómo defender el evangelio en un mundo escéptico

JOHN F. MACARTHUR

EDITORIAL PORTAVOZ

La misión de Editorial Portavoz consiste en proporcionar productos de calidad —con integridad y excelencia—, desde una perspectiva bíblica y confiable, que animen a las personas a conocer y servir a Jesucristo.

Título del original: *Nothing but the Truth* © 1999 por John F. MacArthur y publicado por Crossway Books, una división de Good News Publishers, 1300 Crescent Street, Wheaton, Illinois 60187. Traducido con permiso.

EDITORIAL PORTAVOZ
2450 Oak Industrial Dr. NE
Grand Rapids, Michigan 49505 USA
Visítenos en: www.portavoz.com

ISBN 978-0-8254-1582-1 (rústica)
ISBN 978-0-8254-0346-0 (Kindle)
ISBN 978-0-8254-8520-6 (epub)

3 4 5 6 / 25 24 23 22

Impreso en los Estados Unidos de América
Printed in the United States of America

*Sino santificad a Dios el Señor en vuestros corazones,
y estad siempre preparados para presentar defensa con
mansedumbre y reverencia ante todo el que os demande
razón de la esperanza que hay en vosotros.*

1 PEDRO 3:15

CONTENIDO

Introducción

Ser testigo del evangelio en nuestro tiempo es cada vez más difícil. Mientras el mundo avanza hacia un nuevo milenio, el cristianismo evangélico se encuentra en una encrucijada, especialmente en Estados Unidos. Después de recibir la influencia de un fuerte cristianismo bíblico durante 150 años, el país ha decaído rápidamente, en particular durante la última mitad del siglo XX y comienzos del siglo XXI. El ateísmo práctico y el relativismo moral dominan a la sociedad desde hace unas décadas. Gran parte de los pocos vestigios del cristianismo que aún se reflejan en nuestra cultura son débiles y comprometedores. Aunque muchos sectores de la cultura todavía usan alguna clase de máscara religiosa, en buena parte es pagana.

El avivamiento espiritual de la década de 1970, que se extendió a numerosas escuelas y universidades, pareció prometer un nuevo día de bendición durante un breve período. Se celebraron bautismos masivos en ríos, en lagos y en el mar. Se publicaron varias versiones de la Biblia en inglés. Aumentaron las publicaciones y la radiodifusión cristianas de forma sorprendente. Ciertamente, soplaba el viento innegable del Espíritu.

Sin embargo, ese avivamiento evangélico se desaceleró muy pronto, ya que lo eclipsaron la avaricia y el libertinaje de las décadas de 1980 y 1990. Gran parte de la sociedad (desde líderes del gobierno y celebridades, hasta las personas comunes) fue abiertamente despectiva hacia las normas bíblicas de moral y del cristianismo en general. Como resultado, Estados Unidos no solo asumió una postura que no era cristiana, sino una postura y un programa anticristianos. Con frecuencia, el Estado limitó la libertad religiosa al instituir prácticas políticas claramente anticristianas.

Como resultado, los evangélicos se ofendieron por esa tendencia secular. Estaban horrorizados al ver cómo los principios bíblicos de la ética pudieran ser rechazadas de forma tan descarada, mientras que la vulgaridad, la obscenidad y la blasfemia no solo eran toleradas, sino admiradas. Por esta razón, muchos líderes cristianos bienintencionados fundaron organizaciones para contrarrestar los ataques anticristianos y le declararon la guerra a la cultura secular dominante, en especial a los medios de comunicación liberales. Básicamente, la guerra contra la cultura fue un esfuerzo por moralizar a los no creyentes. Sin embargo, el resultado de ese enfoque fue el surgimiento de la hostilidad por parte de los cristianos hacia los incrédulos, a quienes Dios los había llamado a amar y a alcanzar con el evangelio.

A comienzos de 1999, hubo una gran batalla en la guerra cultural. Las audiencias del juicio político contra Bill Clinton, dirigidas por las instancias más altas del país, fueron en realidad un referéndum sobre la guerra cultural. Sin embargo, lo que empezó como indignación contra la inmoralidad, el engaño y el abuso de poder, terminó de repente, sin ningún tipo de castigo ni de censura.

Incluso puedo sugerir que la guerra cultural, al menos como la conocemos, terminó. El proceso del juicio político dio una prueba clara de la posición de la cultura: hemos descubierto que se niega a seguir la moral bíblica. La guerra cultural terminó y perdimos. Fue un final inevitable porque este mundo está bajo el dominio de las tinieblas, ya sea que lo representen como moral o inmoral. Nuestra responsabilidad nunca ha sido moralizar a los incrédulos, sino convertir a los inmorales. Nuestra misión no es política, sino redentora. No podemos reformar al reino de las tinieblas que Satanás gobierna.

La causa de Cristo no puede protegerse ni extenderse por intimidación social, por decretos gubernamentales ni por conquista militar. Nuestra guerra es espiritual, contra ideologías y creencias humanas que se levantan contra Dios, las cuales solo pueden conquistarse con éxito mediante su Palabra (ver 2 Co. 10:3-5). Solo podemos cambiar a la sociedad si proclamamos fielmente el evangelio, el cual trasforma la vida desde adentro hacia afuera.

El llamado divino y único de la Iglesia es llevar a los pecadores a la salvación por medio de Cristo. Si no lo hacemos, ningún plan tendrá consecuencias eternas, sin importar cuán beneficioso sea en el momento. Este libro explica cómo responder a ese llamado divino.

En el siglo I d.C., los cristianos se enfrentaron a una cultura mucho más hostil que la nuestra. Vivían en un mundo de tiranos asesinos, de desigualdad e injusticia brutales, de tolerancia sexual y perversión. El apóstol Pedro sabía cuán difícil era para los cristianos hacerle frente a la cultura, en especial para los nuevos creyentes, los cuales eran perseguidos por su fe. Por esta razón, los describió como "extranjeros y peregrinos" (1 P. 2:11). Eran como forasteros que vivían sin hogar ni ciudadanía permanente. Esa también debe ser nuestra posición para interactuar con la cultura, la cual será cada vez más hostil a nuestra fe.

Para animar a todos los creyentes que vivían en esas circunstancias, Pedro escribió: "Manteniendo vuestra manera de vivir entre los gentiles [quienes no son salvos]; para que en lo que murmuran de vosotros como de malhechores, glorifiquen a Dios en el día de la visitación, al considerar vuestras buenas obras" (1 P. 2:12), para que "haciendo bien, hagáis callar la ignorancia de los hombres insensatos" (v. 15). Hacemos callar a nuestros enemigos cuando refutamos sus acusaciones y hacemos lo correcto al vivir de forma santa. Estas son nuestras herramientas más eficaces para evangelizar. La conducta inmoral aviva las llamas de la crítica, pero una vida cristiana sincera las apaga.

Pedro también animó a los creyentes a estar siempre "preparados para presentar defensa con mansedumbre y reverencia ante todo el que os demande razón de la esperanza que hay en vosotros" (1 P. 3:15). Cuando la sociedad ataca, debemos estar listos para "presentar defensa".

El término griego traducido "defensa" se refiere con frecuencia a una declaración formal ante un tribunal de justicia. Sin embargo, el apóstol Pablo lo utiliza en el sentido informal de ser capaz de responderle a cualquiera que pregunte (Fil. 1:16-17), no solo a un juez, a un magistrado o a un gobernador. Además, el adverbio "siempre" de 1 Pedro 3:15 indica que un creyente debe estar preparado para responder en cualquier situación, no solo en el ámbito jurídico.

Por eso, Pedro usa la palabra "defensa" a nivel general. Ya sea en un escenario oficial o ante cualquiera que pregunte, debemos estar preparados para dar una respuesta acerca de "la esperanza que hay en [nosotros]", la cual se refiere a la fe cristiana. Se espera, pues, que seamos capaces de dar una explicación razonable sobre nuestra salvación y fe cristianas.

Debemos explicar nuestra fe "con mansedumbre y reverencia", y mantener una actitud compasiva y misericordiosa en nuestra conversación. "Mansedumbre" habla de docilidad o humildad, de controlarse. "Reverencia" se refiere a esa clase de temor que implica una devoción sana a Dios, un aprecio sano por la verdad y un respeto saludable por la persona con la que estamos hablando.

Cuando un testigo sube al estrado en un tribunal estadounidense, se le pide que diga "la verdad, toda la verdad y nada más que la verdad". Del mismo modo, los creyentes que vivimos en esta cultura malvada debemos dar testimonio de la verdad de Dios. Mi objetivo con este libro es mostrarle cómo hacerlo, cómo defender nuestro precioso evangelio en medio de esta era de incredulidad.

La primera parte trata la actitud y la preparación que necesitamos antes de comunicar nuestra fe. Usted aprenderá cómo vivir de forma eficaz en este mundo hostil, cómo ser sal y luz, y cómo orar por los perdidos.

La segunda parte se centra en los temas fundamentales para nuestra proclamación y defensa de la fe. He incluido capítulos sobre Dios, las Escrituras, el pecado, y la deidad, muerte y resurrección de Cristo. Estos son elementos esenciales de nuestra fe que necesitamos conocer y tener por seguros a fin de testificar eficazmente a los perdidos.

En la última sección, usted aprenderá cómo llevar a la calle, por así decirlo, lo que hemos estudiado. Revisaremos nuestra prioridad de ser obedientes al mandamiento de Cristo de ir y hacer discípulos. También, veremos de forma práctica la mejor manera de ser eficaces cuando damos testimonio de Cristo. Finalmente, le proporcionaré un ejemplo acerca de cómo presentar el evangelio, que podrá utilizar en sus esfuerzos por evangelizar.

Vivimos en una época sin precedentes. El regreso de Cristo está más cerca que nunca. Que el Señor le permita convertirse en un campeón de su verdad, toda su verdad y nada más que su verdad en medio de este mundo incrédulo.

PRIMERA PARTE

LA ACTITUD PARA EVANGELIZAR

1

El deber del cristiano en un mundo hostil

Mientras el mundo de hoy hace la transición para vivir en el siglo XXI, muchas personas aún tienen el lema: "Cuanto más cambian las cosas, más siguen igual". Aunque este dicho tiene algo de verdad, necesitamos entender que muchas cosas están cambiando más rápido de lo que pensamos y que el pecado humano es más grave que nunca (2 Ti. 3:13). En nuestra cultura, vemos la espiral descendente que se describe en Romanos 1:18-32 y hemos tocado fondo, hasta llegar a la "mente reprobada". Sin embargo, la Gran Comisión (Mt. 28:18-20) y la verdad de las palabras de nuestro Señor no cambian: "La mies es mucha, mas los obreros pocos. Rogad, pues, al Señor de la mies, que envíe obreros a su mies" (Mt. 9:37-38).

No obstante, el enfoque de la Iglesia sobre los mandamientos de Cristo para evangelizar se ha vuelto más y más borroso, y muchos creyentes no han sido fieles en testificar a este mundo hostil. Por el contrario, muchos reflejan cada vez más las actitudes de algunas de las iglesias de Asia Menor, como la de Éfeso, a la que Cristo le dijo: "Pero tengo contra ti, que has dejado tu primer amor" (Ap. 2:4). También reprendió con severidad a la iglesia de Laodicea: "Yo conozco tus obras, que ni eres frío ni caliente. ¡Ojalá fueses frío o caliente! Pero por cuanto eres tibio, y no frío ni caliente, te vomitaré de mi boca" (Ap. 3:15-16). La sociedad se vuelve más hostil y pecaminosa, a medida que cambia con rapidez, y la Iglesia se vuelve más débil y más *parecida* al mundo, en vez de ser *distinta*. Bien podríamos adoptar este lema revisado: "Cuanto más cambian las cosas en el mundo, más intensa y urgentemente necesitamos proclamar a los no salvos las verdades inmutables del evangelio".

LA GRAN NECESIDAD DE LA IGLESIA

Entonces, ¿qué necesita la Iglesia y todos los que profesan ser miembros de esta para ser fieles al mandamiento de Dios de evangelizar? Se necesita un avivamiento espiritual y una renovación en la que los creyentes individuales —capacitados, motivados, y con el poder renovado del Espíritu Santo— centren su atención en la gloria y majestad de Dios y, por amor a Él, se deleiten en cumplir con entusiasmo sus deberes espirituales, y sigan a conciencia el plan divino para la Iglesia. Esto implica cambiar las tendencias que han convertido a la iglesia evangélica en una institución popularizada que elimina todo lo que ofende de su mensaje. Eso significa ministrar, no basándose en el pragmatismo, en la psicología o, simplemente, en cualquier cosa que haga sentir bien al oyente, sino en principios bíblicos. Significa también oponerse a la tendencia de ser un ministerio que busca estimular las emociones al emplear todas las estrategias de mercadotecnia seculares más útiles para tratar de suplir las "necesidades sentidas" de la cultura actual, y, en consecuencia, afirma la cultura.

La iglesia contemporánea se siente satisfecha de tener un enfoque que le permite resolver problemas de la manera más fácil y que les permite a las personas estar cómodas, sin desafiarlas seriamente a vivir con rectitud. Tal ambiente favorece la idea de que "creer es sencillo" (ser cristiano es "fácil" porque la persona solo necesita aceptar en la mente quién era Jesús y qué hizo, y no necesariamente debe preocuparse por arrepentirse de su pecado ni por obedecer). Por lo tanto, muchos hombres y mujeres que se consideran cristianos evangélicos no son creyentes de verdad. Saben muy poco o nada sobre la adoración que honra a Dios, las aspiraciones santas, la obediencia bíblica o la predicación expositiva con esmero, y tienen pocas expectativas sobre la esperanza futura del cristiano: el regreso de Jesucristo. Están ausentes la fe centrada en Jesucristo y la vida centrada en Dios, las cuales nos permiten soportar las dificultades y hacerle oposición a un mundo hostil, para anunciarle el evangelio con eficacia.

EL INCENTIVO DEL CREYENTE

Una de las formas en las que la Iglesia puede recuperar el celo por la evangelización es aceptando un enfoque serio en cuanto a la verdad del regreso de Cristo, que fomente la esperanza de que en cualquier momento seremos "arrebatados… en las nubes para recibir al Señor en el aire, y así estaremos siempre con el Señor" (1 Ts. 4:17). A lo largo de la historia, los grandes líderes de la Iglesia han tenido un profundo sentido de reverencia y esperanza al pensar en la segunda venida de Jesucristo. John Newton, autor de *Sublime gracia*, escribió lo siguiente en las dos primeras estrofas de un himno escrito en 1774:

> *¡Día del juicio! ¡Día de asombro!*
> *Escuchen el sonido terrible de la trompeta,*
> *Más fuerte que un millar de truenos,*
> *Hace temblar a toda la creación.*
> *¡Cuánta confusión traerá el llamado al corazón*
> *del pecador!*
>
> *Vean al Juez vestido de nuestra naturaleza,*
> *Ataviado con majestad divina;*
> *Ustedes, que anhelan su venida,*
> *Entonces, dirán: ¡Este es mi Dios!*
> *Salvador misericordioso, sé mi dueño en aquel día.*

El apóstol Pedro, en su primera carta a los creyentes de Asia Menor que estaban luchando por vivir para Cristo en medio de gran persecución, les recuerda a ellos y nosotros que el fin de los tiempos y el regreso glorioso de Cristo eran inminentes. A continuación Pedro utiliza el incentivo de esa doble verdad para exhortar a los creyentes a vivir de forma fiel, sin importar cuán difíciles fueran las circunstancias: "Mas el fin de todas las cosas se acerca; sed, pues, sobrios, y velad en oración. Y ante todo, tened entre vosotros ferviente amor; porque el amor cubrirá multitud de pecados" (1 P. 4:7-8).

Los últimos tiempos ya están aquí

Los miembros de la iglesia primitiva, tales como los lectores de Pedro, que en el siglo I d.C. estaban esparcidos por todo el mundo mediterráneo, empezaron a comprender que los últimos días se iniciaron cuando el Mesías vino por primera vez. Además de la afirmación de Pedro, otros escritos del Nuevo Testamento inspirados por el Espíritu hablan con claridad al respecto. El apóstol Pablo lo declaró cuando le advirtió a Timoteo a través de una descripción detallada de los apóstatas que comenzaban a amenazar a la iglesia: "También debes saber esto: que en los postreros días vendrán tiempos peligrosos. Porque habrá hombres amadores de sí mismos, avaros, vanagloriosos, soberbios, blasfemos, desobedientes a los padres, ingratos, impíos, sin afecto natural, implacables, calumniadores, intemperantes, crueles, aborrecedores de lo bueno, traidores, impetuosos, infatuados, amadores de los deleites más que de Dios, que tendrán apariencia de piedad, pero negarán la eficacia de ella; a éstos evita" (2 Ti. 3:1-5; cp. 1 Ti. 4:1). El apóstol Juan les dijo a sus lectores: "Hijitos, ya es el último tiempo; y según vosotros oísteis que el anticristo viene, así ahora han surgido muchos anticristos; por esto conocemos que es el último tiempo" (1 Jn. 2:18).

Los cristianos judíos más perspicaces de la iglesia primitiva también supieron que los últimos días empezaron con la primera venida de Cristo, porque su venida marcó el cumplimiento del pacto con Abraham y la ratificación del nuevo pacto, la clave para el plan redentor de Dios. La muerte del Señor, que ratificó el nuevo pacto, significó necesariamente el fin del sistema sacrificial judío. El sistema del Antiguo Testamento de sacerdotes, rituales, sacrificios y ofrendas se eliminó cuando el Señor Jesús ofreció el sacrificio total y definitivo por el pecado, y todos los creyentes se convirtieron en sacerdotes con acceso directo a Dios. Ese privilegio quedó simbolizado cuando el velo del templo, que separaba el lugar santo del lugar santísimo, se rasgó en dos desde arriba hasta abajo de forma milagrosa (Mt. 27:51; He. 10:14-22; cp. Mt. 24:2; He. 9:26-28).

La inminencia de la segunda venida

Cuando Pedro escribió que "el fin" (gr. *telos*) estaba cerca (1 P. 4:7), no solo se refería al cese o a la terminación cronológica. En realidad, la palabra significa "consumación", un objetivo cumplido o alcanzado. En este contexto, el apóstol habla del regreso de Jesucristo, cuando se consumarán "todas las cosas". Al comienzo de la epístola, el apóstol se refiere a este gran suceso cuando asegura a los cristianos que ellos serán protegidos por el poder de Dios "para la salvación que está preparada para ser manifestada en el tiempo postrero" (1:5), "cuando sea manifestado Jesucristo" (v. 7).

Pedro identifica el clímax de la historia con la expresión "se acerca" (1 P. 4:7). El tiempo del verbo en griego denota un proceso terminado, con una cercanía resultante. En este caso, significa que el regreso de Cristo es inminente, lo cual implica que los creyentes deben vivir y servir con expectativa porque la segunda venida del Señor puede suceder en cualquier momento. Tal actitud es señal de fidelidad, como subrayan varios pasajes del Nuevo Testamento.

El anhelo por el regreso de Cristo fue parte del buen informe que Pablo recibió sobre la iglesia en Tesalónica: "Porque ellos mismos cuentan de nosotros la manera en que nos recibisteis, y cómo os convertisteis de los ídolos a Dios, para servir al Dios vivo y verdadero, y esperar de los cielos a su Hijo, al cual resucitó de los muertos, a Jesucristo, quien nos libra de la ira venidera" (1 Ts. 1:9-10).

Santiago animó a los creyentes a perseverar a la luz de la certeza de que Cristo volvería antes de lo que pensaban: "Por tanto, hermanos, tened paciencia hasta la venida del Señor. Mirad cómo el labrador espera el precioso fruto de la tierra, aguardando con paciencia hasta que reciba la lluvia temprana y la tardía. Tened también vosotros paciencia, y afirmad vuestros corazones; porque la venida del Señor se acerca" (Stg. 5:7-8). De nuevo, la expresión "se acerca" nos recuerda que la venida de Jesús por su Iglesia es algo que deben esperar todos los creyentes de todos los tiempos. Nuestros corazones y nuestras mentes deben centrarse en esa verdad mientras le servimos a diario. El hecho de que Él no regresó durante el tiempo de Santiago no invalida la exhortación del apóstol para los primeros cristianos ni para nosotros.

Dios, en su soberana sabiduría, decidió no revelarnos cuándo será la segunda venida. Jesús ni siquiera supo durante su encarnación cuál sería la hora establecida de su regreso: "Pero del día y la hora nadie sabe, ni aun los ángeles de los cielos, sino sólo mi Padre" (Mt. 24:36). Justo antes de su ascensión, les recordó a los discípulos que no era la voluntad de Dios que supieran cuándo iba a volver a instaurar su reino: "No os toca a vosotros saber los tiempos o las sazones, que el Padre puso en su sola potestad" (Hch. 1:7).

Es mejor que no sepamos el tiempo exacto del regreso de Jesús. De lo contrario, nuestra motivación podría estar en peligro. Podríamos caer en la complacencia sabiendo que pueden pasar siglos antes de su regreso, o podríamos llenarnos de pánico si sabemos que va a regresar mañana. Sin embargo, vivir con un sentido bíblico de la inminencia elimina los extremos, y nos permite vivir y servir con una actitud expectante.

¿Cómo debería afectar a nuestras vidas el regreso inminente de Cristo?

La verdad de la venida inminente de nuestro Señor debería motivarnos a ser perseguidores devotos y atentos de la rectitud. Tal deseo de agradarle es la marca de cada creyente genuino. Un incentivo importante para obedecerle es comprender que un día nos presentaremos ante su trono de juicio y rendiremos cuentas de nuestras acciones: "Por tanto procuramos también, o ausentes o presentes, serle agradables. Porque es necesario que todos nosotros comparezcamos ante el tribunal de Cristo, para que cada uno reciba según lo que haya hecho mientras estaba en el cuerpo, sea bueno o sea malo" (2 Co. 5:9-10). Dios no juzgará nuestros pecados en ese momento, porque ya lo hizo en la cruz. Sin embargo, Cristo evaluará la eficacia, la dedicación, la devoción y la utilidad de nuestro servicio a Él (incluso, en el evangelismo). Por lo tanto, deberíamos desear encontrarnos con Él con una seguridad llena de gozo (1 Jn. 2:28) sabiendo que, a los que esperamos su segunda venida, nos aguarda la recompensa divina (2 Ti. 4:8; cp. Fil. 3:14; 1 Jn. 3:2-3).

Un segundo incentivo es que el mismo Señor advirtió a sus seguidores que debían estar listos. No sabemos cuándo será el momento de su aparición, por lo tanto, es prudente escuchar su advertencia: "Velad, pues, porque no sabéis a qué hora ha de venir vuestro Señor. Pero sabed esto, que si el padre de familia supiese a qué hora el ladrón habría de venir, velaría, y no dejaría minar su casa. Por tanto, también vosotros estad preparados; porque el Hijo del Hombre vendrá a la hora que no pensáis" (Mt. 24:42-44).

Sin embargo, Jesús compensó esta seria advertencia con la promesa de que Él servirá a aquellos discípulos que estuvieron atentos y preparados para su regreso: "Bienaventurados aquellos siervos a los cuales su señor, cuando venga, halle velando; de cierto os digo que se ceñirá, y hará que se sienten a la mesa, y vendrá a servirles" (Lc. 12:37). Eso debería ser un incentivo suficiente para vivir con rectitud y hablar a otros sobre Él.

LAS DIMENSIONES FUNDAMENTALES DE LA VIDA CRISTIANA

Aunque la esperanza del pronto regreso de Jesucristo es imprescindible, no puede ser nuestra *única* motivación para dar testimonio de nuestra fe. También necesitamos ejercitarnos a diario en las disciplinas espirituales que forjan en nosotros la fuerza, el valor, la audacia y la madurez espiritual, la cual hace que el evangelio sea creíble. La oración y la asimilación de las Escrituras (mediante la lectura, el estudio, la meditación y la memorización) nos permiten obedecer los revelados en la Palabra de Dios. Solo entonces podremos demostrar el poder de Cristo en nuestras vidas y estaremos listos para poner en práctica la verdad en cualquier situación en la que tengamos oportunidad de testificar.

Con miras a un testimonio eficaz, el apóstol Pedro quería que los creyentes comprendieran algunas dimensiones específicas del carácter cristiano que ayudan a lograr a diario la excelencia en las disciplinas espirituales. Por esta razón, dijo: "Sed, pues, sobrios, y velad en oración" (1 P. 4:7).

"Sed sobrios" es la traducción de dos palabras griegas que significan "tener cuidado" y "mente". Los creyentes deben guardar sus mentes, y mantenerlas limpias y fijas en las prioridades espirituales. Por eso Pablo dijo: "Poned la mira en las cosas de arriba, no en las de la tierra" (Col. 3:2).

Puesto que actuamos según nuestra forma de pensar (Pr. 23:7), es fundamental que protejamos nuestras mentes, y que nos enfoquemos en Dios y en lo que le agrada a Él. De lo contrario, es fácil perder el rumbo y rendirse ante las diversas influencias inmoderadas, engañosas y demoníacas del mundo. Varios versículos bien conocidos del Nuevo Testamento nos dicen cómo podemos evitar caer en esa trampa, proteger nuestras mentes y agradarle al Señor (Fil. 4:8; Col. 3:16; Tit. 2:11-12).

Someter nuestra mente y nuestros pensamientos al control de Cristo (2 Co. 10:5), y de su Palabra (Jos. 1:8) los mantiene a salvo y nos permite ver las cosas desde el punto de vista de Dios. Así es cómo el Espíritu nos da discernimiento santificado y nos protege de aceptar modas y errores doctrinales, o de ser indiferentes, de forma necia, a la verdad.

Sin embargo, Pedro insiste en que necesitamos algo más que buen criterio: necesitamos "ser sobrios". Eso significa que debemos estar alerta y tomarnos los asuntos espirituales en serio. Jesús usó el mismo término para instar a sus seguidores a "velar" (Mt. 24:42) y a "velar y orar" (26:41).

La combinación de un pensamiento piadoso con un estado de alerta espiritual es fundamental para la vida de cualquier creyente que "vela en oración" (1 P. 4:7). No podemos tener una vida de oración plena y eficaz si nuestro pensamiento es desordenado, confuso, egocéntrico o si está preocupado por asuntos temporales, en lugar de interesarse por la verdad de Dios y sus propósitos. Solo tendremos una comunión más profunda y satisfactoria con Él cuando pensemos bíblicamente.

Una comunión continua con Dios conformada por actitudes

cristianas (formadas mediante una manera de pensar piadosa) es el fundamento del ministerio fructífero de un cristiano. Cuando somos diligentes en digerir la Palabra de Dios por medio de la lectura, la meditación y el estudio diarios, las respuestas piadosas ante cada reto de nuestras vidas se convertirán en un hábito. Si las tres dimensiones (la sobriedad, el estado de alerta espiritual y la comunión en la oración) están presentes y obran en nuestras vidas, tendremos una sensación poderosa de la presencia de Dios, y manifestaremos el poder espiritual que influirá en otros para que se acerquen a Cristo y dará integridad a nuestro testimonio.

EL EFECTO DEL AMOR VERDADERO

Una relación correcta con Dios, como la que acabamos de describir, debería producir un amor sincero por los demás. El apóstol Pedro llega a esa conclusión al escribir: "Ante todo, tened entre vosotros ferviente amor, porque el amor cubre multitud de pecados" (1 P. 4:8). Aquí, la palabra "amor" se refiere sobre todo a las relaciones entre creyentes, pero también tiene una relación importante con la evangelización. Jesús enseñó a sus discípulos: "En esto conocerán todos que sois mis discípulos, si tuviereis amor los unos con los otros" (Jn. 13:35). El amor es el fundamento del testimonio del cristiano ante el mundo.

Pablo dio mandamientos similares: "Y sobre todas estas cosas vestíos de amor, que es el vínculo perfecto" (Col. 3:14); "Completad mi gozo, sintiendo lo mismo, teniendo el mismo amor, unánimes, sintiendo una misma cosa" (Fil. 2:2).

Pedro llama "ferviente" al amor que describe, el cual indica el mismo tipo de esfuerzo máximo que hace un corredor para ganar una carrera. Tal amor intenso es sacrificial, no sentimental. Significa que los creyentes deben estar preparados para amar a quienes son difíciles de amar, aun cuando a veces les cueste y les parezca irracional. Implica estirar todos nuestros músculos espirituales, aunque nos respondan con insultos, heridas y desacuerdos.

La segunda mitad de 1 Pedro 4:8 explica con claridad la razón por la que debemos amarnos unos a otros: "porque el amor cubre multitud de pecados". Eso indica una verdad evidente sobre el amor: debido a su naturaleza, tiende a perdonar cualquier pecado (cp. Pr. 10:12; Ef. 2:4). Necesitamos este recordatorio porque, como miembros del cuerpo de Cristo, todavía pecamos unos contra otros, lo cual provoca conflicto y división, y perjudica nuestro testimonio ante el mundo. El amor es lo único que puede mantener o restablecer la unidad de los cristianos, porque el amor perdona.

En el Nuevo Testamento, "amor" indica voluntad en la esfera espiritual y redentora. Dios eligió amarnos cuando nos salvó (Jn. 3:16, 1 Jn. 4:19): "Mas Dios muestra su amor para con nosotros, en que siendo aún pecadores, Cristo murió por nosotros" (Ro. 5:8). Por lo tanto, espera que sus amados sigan su ejemplo y muestren amor por Él y por otros (no solo por los hermanos creyentes, sino también por quienes tratan de alcanzar con el evangelio).

De esta manera, la primera fase para desarrollar una actitud apropiada para el evangelismo es entender y cumplir nuestras responsabilidades como cristianos en medio de una sociedad hostil, lo cual implica comprender que ya estamos en los últimos días, y que nuestro Señor y Salvador puede regresar en cualquier momento. Con este incentivo, los creyentes debemos ser responsables (y hacer que otros creyentes también lo sean) de vivir una vida santa de la que fluya un evangelismo que honre a Dios y que se dirija a los perdidos. De nuevo, el apóstol Pedro resume en su segunda carta cuál es nuestra tarea desde ahora y hasta que Cristo regrese: "Por lo cual, oh amados, estando en espera de estas cosas, procurad con diligencia ser hallados por él sin mancha e irreprensibles, en paz… creced en la gracia y el conocimiento de nuestro Señor y Salvador Jesucristo" (2 P. 3:14, 18).

2

Nuestro testimonio como sal y luz

La conducta de las personas, sean cristianas o no, afecta la vida de otros con los que conviven. A veces, la influencia es positiva; otras, es muy negativa. Los siguientes dos relatos de la mitología griega ilustran de forma acertada este principio básico. Una vez, una diosa invisible vino a la tierra y dejó bendiciones tangibles a su paso: los árboles secos retoñaron, los caminos estériles se llenaron de flores, los charcos de agua estancada se convirtieron en agua fresca y los prados secos reverdecieron.

Otro relato describe qué pasó cuando le enviaron una princesa como regalo a un rey. Al parecer, era tan bella como una diosa y su aliento olía a perfume fino. Sin embargo, solo la habían alimentado con veneno desde su infancia, el cual impregnaba su ser y contaminaba el aire a su alrededor. Si soplaba sobre un enjambre de abejas, morían; si tomaba una flor, se marchitaba y perecía; si cualquier ave volaba demasiado cerca a ella, caía muerta a sus pies.

Por supuesto, queremos que nuestras palabras, acciones y presencia produzcan resultados positivos de forma automática. En ningún caso, los creyentes deben desear la influencia negativa que acompañaba a la princesa del mito griego. A pesar de que vivimos, trabajamos, estudiamos y participamos en este mundo, no debemos reflejar sus valores y actitudes (Jn. 17:15-16, 18; 1 Jn. 2:15). Debido a quienes somos, debemos influir para anunciar la salvación y los principios de justicia de Dios, en lugar de promover el egoísmo, la inmoralidad y el materialismo. Debemos estar en el mundo, pero no somos del mundo.

Una vez que desarrollamos una actitud bíblica respecto a nuestras responsabilidades en medio de un mundo espiritualmente hostil y moralmente decadente, es inevitable que esa actitud nos ayudará a definir nuestro enfoque hacia el evangelismo. Las palabras de Jesús en el Sermón del Monte expresan de forma muy interesante la influencia *positiva* que tendremos en el mundo:

> *"Vosotros sois la sal de la tierra; pero si la sal se desvaneciere, ¿con qué será salada? No sirve más para nada, sino para ser echada fuera y hollada por los hombres. Vosotros sois la luz del mundo; una ciudad asentada sobre un monte no se puede esconder. Ni se enciende una luz y se pone debajo de un almud, sino sobre el candelero, y alumbra a todos los que están en casa. Así alumbre vuestra luz delante de los hombres, para que vean vuestras buenas obras, y glorifiquen a vuestro Padre que está en los cielos" (Mt. 5:13-16).*

LA ESENCIA DEL CREYENTE

La mayoría de nosotros entiende que el mundo contemporáneo (con su cultura cada vez más corrupta, y su perspectiva más y más oscura) necesita sal y luz espiritual. El predicador y comentarista G. Campbell Morgan les recordó a los creyentes de su generación: "Jesús, al observar a las multitudes de su época, vio la corrupción, la desintegración de cada área de la vida, su destrucción y su ruina. Y, debido a su amor por ellos, sabía que la sal era lo que más necesitaban para ponerle freno a la corrupción. También los vio envueltos por la melancolía, sentados en la oscuridad mientras buscaban a tientas en medio de la bruma y de la niebla. Sabía que era necesario, por encima de todo… la luz" (*The Gospel According to Matthew* [El Evangelio según Mateo] [Nueva York: Revell, 1929], p. 46). Si las personas del tiempo de Jesús necesitaban sal y luz con desesperación, ¿no es evidente que hoy también se necesita el conservante moral y la iluminación espiritual que los cristianos pueden ofrecer con la ayuda de Dios?

En Mateo 5:13-14, los pronombres griegos que se traducen como "vosotros" son enfáticos *y* están en plural. Lo primero significa que los creyentes son los únicos que en realidad pueden ser sal y luz para una cultura. A menos que el pueblo de Dios sea así, no podrá ponerle freno a la corrupción moral ni disipar la oscuridad espiritual.

El plural indica que Cristo quiere que todo su cuerpo (la Iglesia) influya en el mundo. Los granos de sal aislados y los rayos de luz individuales tienen poco efecto. Sin embargo, cuando se unen muchos granos de sal y muchos rayos de luz, y se dispersan por todo el mundo, se produce un cambio positivo y significativo a una escala mucho más amplia.

Hace unos años, vi la necesidad del trabajo en equipo descrito en el artículo y en las fotos de apoyo de una revista, el cual explicaba cómo un niño de cuatro años se había alejado de su casa en Kansas y se había metido en un campo de trigo vecino, sin que sus padres se dieran cuenta. La primera foto mostraba cuán extenso era el campo; la segunda presentaba a la madre del niño angustiada, sentada en su casa. Los papás habían buscado al niño todo el día, pero era demasiado pequeño para que lo vieran entre las espigas de trigo. La tercera foto mostraba a decenas de amigos y vecinos que, a la mañana siguiente, habían formado una cadena humana para continuar la búsqueda a través del campo de trigo. La última imagen mostraba al padre angustiado que sostenía al niño sin vida, a quien encontraron después de haber muerto a la intemperie. La leyenda bajo la cuarta foto decía: "Oh, Dios, ¡si tan solo hubiéramos unido nuestras manos antes!".

Muchas personas están espiritualmente perdidas debido a las preocupaciones de este mundo pecador, y no podrán encontrar el camino a la casa del Padre, a menos que los creyentes se extiendan por el mundo y los busquen en equipo para rescatarlos.

Cuando Jesús dijo: "Vosotros sois la sal de la tierra… Vosotros sois la luz del mundo" (Mt. 5:13-14), Él estaba simplemente constatando un hecho. Los elementos "sal y luz" simbolizan lo que *son* los creyentes. El único aspecto sobre el que se puede preguntar es si los seguidores de Cristo actuarán con fidelidad como sal *cáustica* y luz *penetrante* en un mundo moribundo.

Jesús es "la luz verdadera, que alumbra a todo hombre, [que vino] a este mundo" (Jn. 1:9). Después les dijo a los discípulos: "Entre tanto que estoy en el mundo, luz soy del mundo" (Jn. 9:5). Sin embargo, ahora que Él ha dejado la tierra, es responsabilidad de los creyentes reflejar la luz de Cristo: "Porque en otro tiempo erais tinieblas, mas ahora sois luz en el Señor; andad como hijos de luz" (Ef. 5:8; cp. Col. 1:13).

Por definición, una influencia es distinta de lo que quiere afectar, lo cual significa que si vivimos como sal y luz, nos diferenciaremos del mundo al que estamos llamados a impactar. No podemos ser la sal que retarda la corrupción moral y la decadencia espiritual si no somos santos; no podemos ser luz que trae la verdad a los lugares oscuros si no honramos la verdad de Dios.

La responsabilidad de ser sal

Los oyentes de Jesús del siglo I d.C. entendían la expresión "sal de la tierra" (Mt. 5:13) como una forma de referirse a un bien valioso. A los soldados romanos se les pagaba con sal (de ahí, se originó el dicho: "No vale su sal"). En muchas sociedades antiguas, pasar la sal en una comida simbolizaba una responsabilidad mutua de amistad y preocupación. Debido a su carácter conservante, el mineral se usaba de forma simbólica en los tiempos bíblicos para legitimar un pacto, similar a la práctica contemporánea de autenticar contratos ante un notario (cp. Lv. 2:13; 2 Cr. 13:5). Por lo tanto, los oyentes de Cristo entendieron, aunque de forma incompleta, que los creyentes iban a tener una función decisiva en el mundo, ya que la sal representaba un bien valioso.

¿Cuál fue el rasgo específico de la sal que Jesús más trató de asociar con el carácter espiritual? Los comentaristas, a través de los siglos, han hecho varias sugerencias. Algunos han dicho que relacionaba su color blanco con la pureza personal (los cristianos deberían ser puros). Otros han propuesto que Él asociaba el sabor de la sal con el sabor divino que los creyentes deben darle al mundo (deberían añadir un atractivo al evangelio). Otros más han dicho que se refería al ardor que causa la sal en una herida (los creyentes deberían ser fieles a la Palabra, aunque ofenda a los incrédulos). E incluso algunos han sugerido que Jesús señalaba, sobre todo, la sed que produce la sal (las vidas de los cristianos deberían producir sed de Dios en quienes no creen). Las observaciones anteriores tienen cierta validez, pero se quedan cortas en cuanto al énfasis principal del Señor.

La comparación principal que Cristo estaba haciendo entre la sal y la vida del cristiano es que, así como la sal es un conservante, el creyente es una influencia conservante en el mundo. Los seguidores de Cristo, como parte de su responsabilidad principal de vivir de forma devota y de proclamar el evangelio, sirven para salvar a los pecadores y, por tanto, con su influencia cada vez mayor, pueden ayudar a ponerle freno a la decadencia moral y espiritual provocada por la cultura del mundo.

Debemos recordar que la oportunidad que tienen los cristianos de ser conservantes es relativamente corta. Cuando el pueblo de Dios sea arrebatado del mundo, el poder maligno del reino de Satanás será desatado de una forma sin precedentes (2 Ts. 2:7-12). Después, pasarán solo siete años para que el mundo se deslice hasta el borde del infierno (ver Dn. 9:27; Ap. 6—19).

Mientras tanto, quienes conocen a Jesucristo pueden influir mucho en el mundo para bien. Los agentes de sal del Señor lo han hecho en momentos específicos del pasado. Martyn Lloyd-Jones escribe:

> La mayoría de los historiadores competentes está de acuerdo al decir que, sin duda, lo que salvó [a Inglaterra] de una revolución como la de Francia, a finales del siglo XVIII, no fue otra cosa que el avivamiento evangélico. Esto no fue así por alguna acción directa, sino porque una gran cantidad de personas se volvieron cristianas, vivieron mejor y tuvieron una perspectiva superior. Esto influyó en la situación política general, y las grandes leyes del Parlamento que se aprobaron en el último siglo [XIX], básicamente, fueron el resultado de la gran cantidad de cristianos que había en el país. (*Estudios*

sobre el Sermón del monte, vol. 1. [Edimburgo: El estandarte de la verdad, 1977] p. 157 del original en inglés).

Un ejemplo más personal de alguien que fue sal para muchos es la historia de Helen Ewing, la cual fue salva a corta edad y se entregó al señorío de Jesucristo por completo. Solo tenía 22 años cuando Dios se la llevó a su hogar en el cielo y se dice que todos sus compatriotas escoceses lloraron por ella. Helen había planeado servirle a Dios como misionera en Europa, pero no pudo cumplir su sueño. Desde una perspectiva humana, no tenía talentos destacados ni había viajado lejos de su casa. Sin embargo, Dios la usó para causar efecto en las vidas de cientos de personas que recibieron a Cristo y en muchos misioneros. Sus compañeros de obra lamentaron su muerte porque se dieron cuenta de que se había ido un gran canal de fuerza espiritual.

Helen se levantaba todos los días a las 5:00 de la mañana para estudiar las Escrituras y orar. Su lista diaria incluía a más de 300 misioneros por los que oraba por nombre con frecuencia. Tuvo una influencia devota y positiva a dondequiera que fue. Las personas siempre paraban o se avergonzaban de su conversación y conducta pecaminosas cuando ella estaba cerca. Tiempo después, un amigo dijo que mientras Helen estudiaba en la Universidad de Glasgow, dejó la fragancia de Cristo por dondequiera que iba. Toda su vida y ministerio se caracterizaron por ser sal del Señor.

La tarea de ser luz

Cristo también les dijo a todos los creyentes: "Vosotros sois la luz del mundo" (Mt. 5:14). La característica de luz espiritual tiene ciertas diferencias con la sal espiritual. La luz representa la verdad divina que se comunica directamente, mientras que la sal es una influencia indirecta. La luz actúa, sobre todo, mediante la proclamación de la verdad; la sal funciona de forma indirecta a través de nuestra forma de vivir. Generalmente, la luz tiene un ministerio más positivo que el de la sal porque descubre lo pecaminoso y falso, *y* apunta hacia lo justo y verdadero. Por el contrario, la sal es sobre todo negativa, capaz de ponerle freno a la corrupción, pero no la vuelve incorruptible. Por lo tanto, los creyentes deben entender que son tanto luz *como* sal para quienes están separados de Cristo.

Dios da su luz a los cristianos no solo para que la tengan, sino para que vivan por ella. El salmista afirma: "Lámpara es a mis pies tu palabra, y lumbrera a mi camino" (Sal. 119:105), y el apóstol Juan nos anima y nos reprende con estas palabras: "Dios es luz, y no hay ningunas tinieblas en él. Si decimos que tenemos comunión con él, y andamos en tinieblas, mentimos, y no practicamos la verdad; pero si andamos en luz, como él está en luz, tenemos comunión unos con otros, y la sangre de Jesucristo su Hijo nos limpia de todo pecado" (1 Jn. 1:5-7). La luz de Dios para nosotros es a la vez la Biblia, su revelación escrita y completamente inspirada, y su Hijo Jesucristo, la Luz eterna del mundo (ver Jn. 1:5, 9).

Quienes conocemos a Dios, debemos proclamar su luz a un mundo oscurecido por el pecado, así como Cristo vino "para dar luz a los que habitan en tinieblas y en sombra de muerte" (Lc. 1:79). Quienes de verdad reciben esa luz deben reflejársela a los demás, como lo expresa esta paráfrasis de 2 Corintios 4:6: "Dios, quien ordenó que la luz brillara en la oscuridad por primera vez, ha inundado nuestros corazones con su luz. Ahora, podemos iluminar a los hombres, solo porque podemos darles el conocimiento de la gloria de Dios, tal como lo hemos visto en el rostro de Jesucristo". Los cristianos van a influir a otros con la luz de la verdad divina si resplandecen en la oscuridad y demuestran que son "irreprensibles y sencillos, hijos de Dios sin mancha en medio de una generación maligna y perversa, en medio de la cual resplandecéis como luminares en el mundo" (Fil. 2:15).

Puesto que Dios les ha ofrecido el evangelio de forma gratuita a todas las personas, no envió a su Hijo para que fuera un tesoro secreto ni escondido. En cambio, Cristo vino para que todos tuviéramos la oportunidad de recibir su luz (cp. Jn 1:9). Muchos, en su incredulidad, rechazarán la luz y a quienes la ofrecen, pero aun así, nuestra tarea es brillar como luces.

De hecho, Jesús describe a los creyentes como luces brillantes en Mateo 5:14: "Una ciudad asentada sobre un monte no se puede esconder". Todos los habitantes de la región puede verla. En una jornada normal, sus edificios son visibles a la luz del día y sus luces brillan intensamente durante la noche, lo cual hace que la presencia de la ciudad sea casi imposible de ignorar. Debería ser igual con el pueblo de Dios. Un cristiano secreto es tan incongruente como una luz escondida. Los creyentes son como luces que deben mostrarse y brillar, en lugar de ocultarse.

LOS RETOS DE SER SAL Y LUZ

Si usted es creyente, no puede perder su salvación (Jn. 10:27-28), así como la sal y la luz no pueden perder sus propiedades fundamentales. Sin embargo, puede ser ineficaz para el Señor cuando permite que las distracciones del pecado contaminen su vida. Jesús ilustró esta verdad al señalar que la sal puede perder su sabor si se contamina con otros minerales (Mt. 5:13). Aunque a los cristianos se les identifica como sal en Mateo 5 y en otros lugares se les llama justos y santos (p. ej., Ro. 4:4-8; 2 Co. 5:17; Ef. 1:3-14; 2 P. 1:3-4), a veces, no demuestran lo que son (cp. Ro. 7:15-25).

Ante la gran responsabilidad de ser la sal del mundo, siempre hay retos por cumplir con ese testimonio. Si nos rendimos con frecuencia ante las tentaciones de la impureza, no podremos esperar que seamos influencias puras para el mundo. No podemos llevar la Palabra de Dios a las vidas de otros si no dejamos las ocupaciones diarias para disponer de tiempo con el fin de leer, estudiar y meditar en las Escrituras. A largo plazo, nuestro reto es pedirle a Dios en oración que nos ayude a permanecer como discípulos fieles que marcan la diferencia con el evangelio. La otra alternativa es perder nuestra salinidad y eficacia, y ser descalificados para el servicio (cp. 1 Co. 9:27).

Igual que la sal, la luz no puede perder su esencia, pero también corre el riesgo constante de oscurecerse en la vida del creyente. Por eso Jesús les dijo a sus seguidores que no "se enciende una luz y se pone debajo de un almud, sino sobre el candelero, y alumbra a todos los que están en la casa" (Mt. 5:15). Una lámpara que se coloca bajo una cesta no es útil para la lectura y, básicamente, es inútil para cualquier otro fin.

Si no somos capaces de vivir como luces espirituales (no importa cuál sea la razón), mostraremos infidelidad a Cristo. Nuestro deseo debe ser caminar continuamente con Él y superar así todos los retos que nos incitan a dejar de ser sal y luz del mundo. Entonces, seremos siervos con sabor, eficaces y útiles en el reino de Dios.

GLORIFICAR A DIOS AL SER SUS LUCES

Siempre que alumbre su luz ante los demás, ya sea al presentarles la verdad o al vivirla, es algo que Dios hace a través de usted. Cuando su familia, amigos y vecinos noten su testimonio, verán el cumplimiento del mandamiento de Jesús en Mateo 5:16: "Así alumbre vuestra luz delante de los hombres, para que vean vuestras buenas obras, y glorifiquen a vuestro Padre que está en los cielos".

La última frase de Jesús en el versículo 16 declara cuál es el propósito verdadero de que usted sea luz (y sal) en el mundo: que los hombres y las mujeres glorifiquen a Dios. Las buenas palabras y obras de usted son para magnificar la gracia y el poder de Dios, no para que acapare la alabanza y la atención. Su testimonio debe hacer que otros glorifiquen a Dios, se arrepientan y tengan una fe salvadora, si el Espíritu los atrae. Esa será la mejor manera de alabarlo por ser la fuente de su salvación.

Cuando vivimos como sal y luz ante el mundo, la respuesta más frecuente de los incrédulos es reaccionar con escepticismo o indiferencia, a veces incluso, con oposición hostil. El apóstol Pablo experimentó reacciones positivas y negativas ante su ministerio de evangelización. Sin embargo, no se dejó intimidar porque sabía que él y otros creyentes manifestarían "en todo lugar el olor de su conocimiento [de Cristo]. Porque para Dios somos grato olor de Cristo en los que se salvan, y en los que se pierden; a éstos ciertamente olor de muerte para muerte, y a aquellos olor de vida para vida" (2 Co. 2:14-16).

Los principios y mandamientos impartidos por la Palabra de Dios no deben obedecerse en aislamiento o solo entre cristianos, sino dondequiera que vayamos. Somos "linaje escogido, real sacerdocio, nación santa, pueblo adquirido por Dios, para que anuncies las virtudes de aquel que os llamó [a nosotros] de las tinieblas a su luz admirable" (1 P. 2:9). Dios nos ha escogido para proclamar el evangelio al mundo. Los incrédulos no tienen otra forma de conocer a Cristo sino por el testimonio de lo que son los creyentes: la sal de la tierra y la luz del mundo.

3

Orar por los perdidos

Una de las principales prioridades de Dios para las oraciones de los creyentes es rogar por la salvación de las personas que no conocen a Cristo. La oración evangelística es un deber espiritual y un compromiso que requiere mucho tiempo y energía. C. H. Spurgeon escribió acerca de lo difícil que es y nos exhorta a no descuidarla:

> Una cosa más, *el ganador de almas debe ser un maestro en el arte de la oración.* Usted no puede llevar almas a Dios si no acude a Él. Debe obtener sus armas de guerra de la armería, que es la comunicación sagrada con Cristo. Si se acostumbra a estar a solas con Jesús, reflejará su Espíritu, se encenderá con la llama que ardía en su pecho y consumió su vida, llorará con las lágrimas que caían sobre Jerusalén cuando la vio perecer y aunque no hable de forma tan elocuente como Él, hablará con el mismo poder con el que encantó los corazones y despertó las conciencias de los hombres. Mis queridos oyentes, especialmente los miembros de la iglesia, me inquieta que algunos de ustedes se relajen y se tomen con calma los asuntos del reino de Dios. Hay algunos (y los bendigo, y bendigo al Señor al acordarme de ustedes) que se toman en serio el ganar almas a tiempo y a destiempo, y son verdaderos sabios; pero me temo que hay otros cuyas manos son flojas, que están satisfechos con dejarme predicar, pero ellos mismos no lo hacen; que ocupan estos asientos y estas bancas, y esperan que todo salga bien. Eso es todo lo que hacen. (*Ganadores de hombres.* Terrassa: Clie, 1984. pp. 246-247 del original en inglés).

El Antiguo Testamento presenta varios ejemplos de hombres santos que oraron por quienes estaban lejos del Señor. Moisés oró:

"Perdona ahora la iniquidad de este pueblo [Israel] según la grandeza de tu misericordia, y como has perdonado a este pueblo desde Egipto hasta aquí" (Nm. 14:19).

El profeta y juez Samuel también intervino de esta forma: "Habló Samuel a toda la casa de Israel, diciendo: Si de todo vuestro corazón os volvéis a Jehová, quitad los dioses ajenos y a Astarot de entre vosotros, y preparad vuestro corazón a Jehová, y solo a él servid, y os librará de la mano de los filisteos. Entonces los hijos de Israel quitaron a los baales y a Astarot, y sirvieron solo a Jehová. Y Samuel dijo: Reunid a todo Israel en Mizpa, y yo oraré por vosotros a Jehová" (1 S. 7:3-5; cp. 1 S. 12:23).

En el Nuevo Testamento, Esteban oró por la salvación de sus verdugos mientras lo apedreaban, hasta que murió: "Y apedreaban a Esteban, mientras él invocaba y decía: Señor Jesús recibe mi espíritu. Y puesto de rodillas, clamó a gran voz: Señor, no les tomes en cuenta este pecado. Y habiendo dicho esto, durmió" (Hch. 7:59-60).

El apóstol Pablo deseaba ardientemente que sus compatriotas judíos conocieran a Jesucristo: "Verdad digo en Cristo, no miento, y mi conciencia me da testimonio en el Espíritu Santo, que tengo gran tristeza y continuo dolor en mi corazón. Porque deseara yo mismo ser anatema, separado de Cristo, por amor a mis hermanos, los que son mis parientes según la carne; que son israelitas, de los cuales son la adopción, la gloria, el pacto, la promulgación de la ley, el culto y las promesas" (Ro. 9:1-4). Esta profunda preocupación se expresaba de forma inevitable en su vida de oración: "Hermanos, ciertamente el anhelo de mi corazón, y mi oración a Dios por Israel, es para su salvación" (Ro. 10:1).

Sin duda, la oración evangelística es bíblica, oportuna y es un mandamiento para todos los cristianos. El imperativo de este tipo de oración se encuentra en 1 Timoteo 2:1-8:

> *"Exhorto ante todo, a que se hagan rogativas, oraciones, peticiones y acciones de gracias, por todos los hombres; por los reyes y por todos los que están en eminencia, para que vivamos quieta y reposadamente en toda piedad y honestidad. Porque*

esto es bueno y agradable delante de Dios nuestro Salvador, el cual quiere que todos los hombres sean salvos y vengan al conocimiento de la verdad. Porque hay un solo Dios, y un solo mediador entre Dios y los hombres, Jesucristo hombre, el cual se dio a sí mismo en rescate por todos, de lo cual se dio testimonio a su debido tiempo. Para esto yo fui constituido predicador y apóstol (digo verdad en Cristo, no miento), y maestro de los gentiles en fe y verdad. Quiero, pues, que los hombres oren en todo lugar, levantando manos santas, sin ira ni contienda".

Pablo exhorta a los efesios a que eleven oraciones evangelísticas (Timoteo estaba en Éfeso cuando el apóstol le escribió) porque aparentemente ya no era una de sus prioridades más importantes. Pablo había dejado a Timoteo allí para que tratara éste y otros problemas de la iglesia. En ese momento, necesitaba tratar el exclusivismo anti-evangelístico que se había filtrado en la asamblea efesia, debido a las falsas enseñanzas de los judaizantes y de los gnósticos (ver Comentario MacArthur del Nuevo Testamento: *1 Timoteo* [Grand Rapids: Portavoz, 2012], p. 76).

Las palabras de Pablo a Timoteo destacan que nuestro propósito principal en la tierra es anunciar el evangelio a *todos* los perdidos. Por eso, el tema de la oración evangelística es tan importante. Tanto los efesios en los días de Pablo como la iglesia de hoy necesitamos comprender el alcance del llamado del evangelio y evitar cualquier forma de exclusivismo que dificulte el evangelismo. Podemos obtener tal perspectiva equilibrada si empezamos a conocer y a poner en práctica cinco elementos que el apóstol considera necesarios para orar por los perdidos.

¿QUÉ ES ORAR POR LOS PERDIDOS?

Pablo define la esencia de orar por los perdidos al enumerar cuatro términos: "rogativas, oraciones, peticiones y acciones de gracias" (1 Ti. 2:1). "Rogativas" viene de la raíz griega que significa "faltar" o "estar sin algo". Cuando entendemos que algo falta, como una relación salvadora con Jesucristo en tantas vidas, debemos orar para que Dios provea el elemento faltante: la fe salvadora, en este caso. La necesidad imperiosa de alcanzar a un número tan grande de personas con el evangelio debe llevarnos a suplicarle a Dios que nos ayude a finalizar la tarea.

"Oraciones" solo se utiliza en las Escrituras en cuanto a Dios y, por lo tanto, denota el aspecto único de adoración y reverencia. La oración evangelística dirige la adoración hacia Él porque todos lo glorifican cuando responde y salva a los pecadores (cp. 2 Co. 4:15).

"Peticiones" es el sustantivo de un verbo griego que en otros lugares (Ro. 8:26; He. 7:25) habla de la intercesión de Cristo y del Espíritu Santo por los creyentes al identificarse con sus necesidades y luchas, y al ser partícipes de las mismas. De esta manera, la oración evangelística auténtica no es distante ni impersonal, sino que está llena de empatía y compasión por los que se ofrecen las peticiones. A medida que intercedemos a favor de familiares, amigos y compañeros de trabajo que no son salvos, trataremos de comprender con sinceridad la gravedad de su condición perdida, y la magnitud de cualquier dolor y desesperanza que puedan experimentar.

Por último, las "acciones de gracias" exigen que nuestra oración evangelística se caracterice por la gratitud porque Dios ha ofrecido el mensaje del evangelio, nos ha escogido para ser sus evangelistas y su Espíritu lleva a algunos a la fe y al arrepentimiento.

Si alguno de estos aspectos enriquecedores no está en su oración por los perdidos, es necesario que se haga algunas preguntas a conciencia. ¿Entiende usted el alcance de la condición desesperada de la persona que no es salva y de lo que él/ella se está perdiendo? ¿Realmente quiere ver a Dios glorificado por salvar a los pecadores? ¿Está agradecido por la oportunidad y el privilegio que ha recibido de darles a conocer el evangelio a quienes forman parte de su círculo de influencia? Es posible que no fuera consciente o que fuera indiferente a tal dictado de la conciencia antes, pero ahora debe pedirle ayuda al Señor para ser más sensible a estas preocupaciones cuando ora.

¿CUÁL ES EL ALCANCE DE ORAR POR LOS PERDIDOS?

Nunca deberíamos poner límites a nuestra oración evangelística. Si Pablo le dijo a Timoteo que la oración debe hacerse a favor de "todos los hombres, por los reyes y por todos los que están en eminencia" (1 Ti. 2:1b-2a), no es correcto que limitemos el alcance del llamado del evangelio o nuestras oraciones evangelísticas de forma egoísta. Por un lado, no sabemos quiénes son los elegidos hasta que respondan al evangelio. Además, Pablo nos dice más adelante en este pasaje que Dios desea que todos se salven (2:4). Las Escrituras son claras en que la oración por *todos* los que se pierden es completamente consecuente con el corazón de Dios. Ezequiel 33:11 dice que no le agrada que las personas mueran sin arrepentirse, pero es feliz cuando se vuelven a Él. En Hechos 17:30, Pablo les dijo a los atenienses que Dios "ahora manda a todos los hombres en todo lugar, que se arrepientan" (cp. Hch. 3:26). Por lo tanto, tenemos la responsabilidad como creyentes de orar para que las personas no regeneradas obedezcan el mandamiento del Señor y acepten su oferta universal de salvación (Tit. 2:11), y debemos dejar en las manos de Dios su propósito de elección.

Sin embargo, hay un grupo de personas que, con frecuencia, es fácil de descuidar o de ignorar en nuestras oraciones evangelísticas: los hombres y las mujeres del mundo que sirven como líderes gubernamentales y políticos. Por eso, Pablo los menciona de forma especial, como si quisiera decirle a Timoteo y a nosotros que no debemos excluirlas de nuestra preocupación. Debemos superar la tendencia a ser indiferentes o incluso hostiles hacia ellos, lo cual es fácil porque los líderes seculares son inaccesibles y con frecuencia injustos con los ciudadanos y malvados, y a menudo desprecian a Dios y su Palabra. Por ejemplo, cuando el presidente Bill Clinton instituyó que junio iba ser el mes del orgullo homosexual, desafió abiertamente la honra y el mandamiento de Dios, e incluso los creyentes empezaron a verlo como un enemigo, no como un campo de misión.

Esta tendencia es pecaminosa, debido a la autoridad y a la responsabilidad especial que tienen los líderes. Desde luego, deberíamos pedir a Dios que les dé sabiduría y discernimiento en sus decisiones y acciones oficiales. Sin embargo, deberíamos poner en práctica las palabras de Pablo en 1 Timoteo 2:2: ir más allá de una simple oración para que los líderes del gobierno sean sabios y justos. También necesitamos orar para que la gran mayoría se arrepienta, crea en el evangelio y honre la Palabra de Dios.

La Biblia no hace excepciones de líderes malvados ni de aquellos con quienes tenemos diferencias políticas. En cambio, las epístolas instruyen a los cristianos a ser fieles y a someterse a sus gobiernos (Ro. 13:1-5; 1 P. 2:17). Si más creyentes hubieran dedicado gran parte de sus esfuerzos a orar de forma evangelística "por los reyes y todos los que están en eminencia" en las últimas décadas, así como lo hicieron para proponer estrategias partidistas (en un intento por ganar las llamadas guerras culturales mediante el activismo político), habríamos visto una mejoría real y mesurable en el gobierno y en la sociedad (cp. 2 Co. 10:4). Si las naciones van a experimentar cambios positivos en moralidad y en espiritualidad, los pecadores deben ser salvos, lo cual nos llama a orar con fidelidad.

¿CUÁL ES EL BENEFICIO DE ORAR POR LOS PERDIDOS?

El apóstol Pablo ofrece un incentivo para los creyentes en cuanto al mandamiento de orar por todos los perdidos, incluso por quienes están en posiciones de autoridad: "para que vivamos quieta y reposadamente en toda piedad y honestidad" (1 Ti. 2:2b). En esencia, cuando la Iglesia es plenamente obediente en cuanto a orar por los perdidos, el beneficio será tener condiciones sociales favorables para sus actividades de evangelización.

Cuando usted ora por sus líderes, es probable que no piense en maneras de desobedecer o de destituir su autoridad legal. En su lugar, se convierte en la clase de pacificador que le agrada al Señor Jesús y que cumple las instrucciones que Pablo le dio a Tito:

"Recuérdales que se sujeten a los gobernantes y autoridades, que obedezcan, que estén dispuestos a toda buena obra. Que a nadie difamen, que no sean pendencieros, sino amables, mostrando toda mansedumbre para con todos los hombres. Porque nosotros también éramos en otro tiempo insensatos, rebeldes, extraviados, esclavos de concupiscencias y deleites diversos, viviendo en malicia y envidia, aborrecibles, y aborreciéndonos unos a otros" (Tit. 3:1-3).

El segundo beneficio para el pueblo de Dios cuando ora por *todos* los perdidos es que el mundo comienza a ver las características positivas de la Iglesia señaladas en Tito 3:1-2. Las personas verán a los cristianos como amigos que buscan su bienestar, no su mal. A medida que los perdidos crean más y más en Cristo, como respuesta a las oraciones sinceras de los creyentes, se abre la posibilidad de tener fruto adicional en el evangelismo y condiciones más favorables para el ministerio de la Iglesia en general.

Tal atmósfera para el pueblo de Dios en la sociedad (mientras ora de forma diligente, frecuente y compasiva por la salvación de todos), disminuye la posibilidad de recibir respuestas hostiles y contribuye a la libertad de ministrar sin disturbios externos e internos ("vivamos quieta y reposadamente", 1 Ti. 2:2b). Anunciar el evangelio y toda la verdad de Dios sin concesiones no significa trastornar la vida nacional ni ir a la cárcel por ser agitadores civiles. Si somos perseguidos como creyentes, debe ser solo porque somos fieles en obedecer a Jesucristo (cp. 1 P. 2:13-23).

Si la Iglesia obedece a Cristo y disfruta de un ambiente favorable para evangelizar, tal situación incluso mejorará cuando sus miembros viven en "piedad y honestidad" (1 Ti. 2:2b). Aquí, "piedad" se refiere a la actitud reverencial hacia Dios y "honestidad" significa vivir con un enérgico sentido de firmeza moral. Los motivos santos producirán una conducta justa, la cual hará que los cristianos tengan un testimonio eficaz ante el mundo.

El apóstol Pablo exhortó también a los creyentes de Tesalónica a ser fieles al vivir de forma tranquila y respetable: "Que procuréis tener tranquilidad, y ocuparos en vuestros negocios, y trabajar con vuestras manos" (1 Ts. 4:11, cp. 2 Ts. 3:11-12). Los incrédulos que nos rodean deben vernos como amantes de la paz que cumplimos nuestros deberes a conciencia y demostramos una preocupación amorosa por su bienestar físico y espiritual. Puede que, con razón, aborrezcamos el sistema diabólico del mundo, pero debemos orar por la salvación de todos los que son sus esclavos.

¿POR QUÉ DEBEMOS ORAR POR LOS PERDIDOS?

Pablo continúa dándole instrucciones a Timoteo sobre la oración evangelística al presentar una de las declaraciones más firmes de las Escrituras acerca del propósito salvador de Dios mediante cinco razones por las que los cristianos deben orar por los perdidos:

> *"Porque esto es bueno y agradable delante de Dios nuestro Salvador, el cual quiere que todos los hombres sean salvos y vengan al conocimiento de la verdad. Porque hay un solo Dios, y un solo mediador entre Dios y los hombres, Jesucristo hombre, el cual se dio a sí mismo en rescate por todos, de lo cual se dio testimonio a su debido tiempo. Para esto yo fui constituido predicador y apóstol (digo verdad en Cristo, no miento), y maestro de los gentiles en fe y verdad" (1 Ti. 2:3-7).*

Orar por los perdidos es moralmente correcto

Dios, de buena fe, hace un llamado general a todos los pecadores y desea de corazón que acepten la salvación: "Diles: Vivo yo, dice Jehová el Señor, que no quiero la muerte del impío, sino que se vuelva el impío de su camino, y que viva. Volveos, volveos de vuestros malos caminos; ¿por qué moriréis, oh casa de Israel?" (Ez. 33:11). Dios ve la oración evangelística como un esfuerzo noble y correcto a nivel espiritual ("bueno" en 1 Ti. 2:3, se refiere a lo que es intrínseca y moralmente bueno). Y si somos sinceros como creyentes, nuestras conciencias estarán de acuerdo y querremos comunicar el deseo de Dios de que todos los pecadores sean salvos (cp. Ro. 9:3; 10:1). Los incrédulos viven de forma orgullosa o inútil y, a menos que se conviertan, sufrirán agonía eterna, separados para siempre del Señor después de morir. Al saber esto, debemos orar por ellos de manera constante y ferviente.

Orar por los perdidos es consecuente con el deseo de Dios

Si tenemos un entendimiento bíblico sobre la soberanía de Dios en cuanto a la elección y aceptamos la verdad de que "nos escogió en él antes de la fundación del mundo... en amor habiéndonos predestinado para ser adoptados hijos suyos" (Ef. 1:4-5), comprenderemos entonces que su deseo por la salvación de todos es, de algún modo, distinto a su propósito eterno: en realidad, no todos se van a salvar.

Hay una diferencia similar entre el deseo y el propósito en el plano humano, la cual se ilustra en nuestras vidas diarias. Sin duda, hay muchos días laborales en los que preferiríamos descansar, pero nuestro sentido de responsabilidad y nuestros objetivos a largo plazo nos obligan a ir a trabajar. De forma paralela, el propósito eterno de Dios en su plan de redención trasciende a su deseo (por supuesto, a Él no lo obligan circunstancias que se salen de su control para elegir lo que no desea, a diferencia de los seres humanos. En su caso, todo está de acuerdo con su propósito soberano).

Dios desea sinceramente que todos los hombres y mujeres se vuelvan a Él mediante la fe salvadora. Sin embargo, solo escogió a los elegidos "del mundo" (Jn. 17:6) y pasó por alto a los otros pecadores, dejándolos en su depravación y maldad (cp. Ro. 1:18-32). Como resultado, se condenan solo por causa de su pecado y rechazo a Dios. Él no es de ninguna manera culpable de su incredulidad ni le alegra que, al final, muchas personas elijan el infierno. Sin embargo, Dios recibirá la gloria, incluso cuando los incrédulos sean condenados (cp. Ro. 9:22-23).

Cómo se desarrolla este gran programa de redención y condenación (con sus aparentes paradojas y misterios divinos), de forma que sea consecuente con la voluntad de Dios, es algo que solo Él puede contestar. Los creyentes que quieren ser testigos fieles al aceptar su verdad, deben hacerlo por fe en su Palabra y confiar en declaraciones tan profundas como:

> *"¡Oh profundidad de las riquezas de la sabiduría y de la ciencia de Dios! ¡Cuán insondables son sus juicios, e inescrutables sus caminos! Porque ¿quién entendió la mente del Señor? ¿O quién fue su consejero? ¿O quién le dio a él primero, para que le fuese recompensado? Porque de él, y por él, y para él, son todas las cosas. A él sea la gloria por los siglos. Amén" (Ro. 11:33-36).*

Puesto que el Señor "quiere que todos los hombres sean salvos" (1 Ti. 2:4; cp. Mt. 23:37), no debemos preocuparnos por saber si alguien ya fue elegido, antes de orar por la salvación de esa persona. Podemos hacerlo por cualquiera que no sea salvo, ya que esas oraciones son plenamente consecuentes con el deseo de Dios. Después de todo, "clemente y misericordioso es Jehová, lento para la ira, y grande en misericordia. Bueno es Jehová para con todos, y sus misericordias sobre todas sus obras" (Sal. 145:8-9).

Orar por los perdidos refleja la unicidad de Dios

En esta era de pluralismo religioso y filosófico, se dice que el judaísmo, el islam, el budismo, el hinduismo y un sinnúmero de religiones mayores y menores son igualmente válidos y que, al final, ofrecen un camino al cielo y a Dios. Si así fuera, los cristianos no necesitarían evangelizar porque muchos caminos de salvación "salvarían" a la mayoría de personas. Sin embargo, los creyentes saben que las Escrituras enseñan que hay un solo Dios verdadero y Salvador (ver Dt. 4:35, 39; 6:4; Is. 43:10; 44:6; 45:5-6, 21-22; 46:9; 1 Co. 8:4, 6). Por lo tanto, existe la necesidad de interceder y pedir que las personas reconozcan y acepten a Jesucristo como la única fuente de salvación (cp. Hch. 4:12).

Orar por los perdidos es consecuente con la persona de Cristo

Las personas pueden acercarse al Padre solo a través de "Jesucristo hombre" (1 Ti. 2:5). Como el Dios-hombre perfecto (la construcción griega indica la traducción: "Cristo Jesús, Él mismo hombre"), Cristo reúne a Dios y al hombre. El libro de Hebreos lo llama el mediador de un nuevo y mejor pacto (He. 8:6; 9:15; 12:24). Las personas no pueden acercarse a Dios por medio de ningún otro mediador (ángeles, santos, María) ni pueden alcanzar la salvación por otros medios (obras buenas, prácticas religiosas o rituales legalistas, meditación trascendental), sino solo poniendo su fe en la obra expiatoria de Cristo (Jn. 3:16; Hch. 10:43; Ro. 3:21-26; 5:1; 1 P. 1:18-21). Por lo tanto, es completamente apropiado y necesario que le pidamos a Dios que los corazones de los pecadores acepten la declaración de Jesús: "Yo soy el camino, y la verdad, y la vida; nadie viene al Padre, sino por mí" (Jn. 14:6).

Orar por los perdidos refleja la plenitud de la expiación

La naturaleza de la expiación de nuestro Señor, cuando se entiende bíblicamente, debería ser otra motivación para que oremos con más fervor y confianza por los inconversos. Todas las personas, sin que se den cuenta, se ven beneficiadas por el carácter completamente suficiente de la obra expiatoria de Cristo (Mt. 5:45; Hch. 14:17). Su muerte sustitutiva, por la cual fue sacrificado en nuestro lugar para llevar nuestros pecados a fin de satisfacer la justicia de Dios, es suficiente para toda la humanidad. En palabras del apóstol Pablo, Él "se dio a sí mismo en rescate por todos" (1 Ti. 2:6). Sin embargo, como ya dijimos en la explicación sobre el deseo y el propósito de Dios para la salvación; por designio, la expiación solo es eficaz para quienes creen (cp. Mt. 22:14).

No obstante, conocer el designio de la expiación de Cristo no debe en ningún modo impedirnos orar para que el evangelio sea predicado a todos sin distinción (Mr. 16:15), para que la oferta divina del agua de la vida se haga libremente a todos (Ap. 22:17) y para que se anime a todas las personas a confiar en Jesús como Salvador y Señor (1 Ti. 4:10; 1 Jn. 4:14).

La obra de Cristo en la cruz cumplió todo lo que Dios, en la eternidad pasada, decidió que sucediera respecto a la salvación de los pecadores. Los incrédulos que rechazan el evangelio no pueden frustrar los propósitos de Dios respecto a su plan soberano de redención. El profeta Isaías escribió: "Porque yo soy Dios, y no hay otro Dios, y nada hay semejante a mí, que anuncio lo por venir desde el principio, y desde la antigüedad lo que aún no era hecho; que digo: Mi consejo permanecerá, y haré todo lo que quiero" (Is. 46:9b-10). Por lo tanto, podemos orar con la confianza de que Dios salvará a todos aquellos a quienes Él ha escogido para la redención desde antes de que empezara el mundo (cp. Jn. 17:12; Hch. 13:48).

¿CUÁL DEBE SER NUESTRA ACTITUD AL ORAR POR LOS PERDIDOS?

Pablo concluye sus instrucciones a Timoteo sobre la importancia de orar por los perdidos haciendo hincapié en que los creyentes también deben tener la actitud correcta cuando oran: "Quiero, pues, que los hombres oren en todo lugar, levantando manos santas, sin ira ni contienda" (1 Ti. 2:8).

Primero, el apóstol manda a los varones líderes de la iglesia que dirijan la oración por los perdidos, cada vez que se hacen esas peticiones. Su frase "en todo lugar" se refiere a la asamblea oficial de adoración de la iglesia, como aparece otras tres veces en las cartas de Pablo (cp. 1 Co. 1:2; 2 Co. 2:14; 1 Ts. 1:8).

Segundo, Pablo señala que la oración evangelística debe fluir de una vida santa. Aunque los creyentes del Antiguo Testamento solían orar con las manos levantadas (p. ej., 1 R. 8:22; Neh. 8:6; Sal. 134:2; Is. 1:15), la referencia aquí a "manos santas" significa las actividades santificadas de la vida, y no simplemente una postura de oración. Tal estilo de vida es el requisito previo para cualquier oración eficaz (cp. Sal. 66:18). Por supuesto, una vida santa excluye las actitudes que suscitan "ira [y] contienda" y arruinan la oración apropiada por los perdidos.

La historia está llena de modelos de creyentes que oraron por los incrédulos. El modelo más grande fue el mismo Señor Jesús, que "[oró] por los transgresores" (Is. 53:12) e intercedió: "Padre, perdónalos, porque no saben lo que hacen" (Lc. 23:34).

En siglos más recientes, ha habido otros modelos de guerreros de oración evangelística dignos de imitar, como el reformador escocés John Knox ("¡Dame Escocia o me muero!"), el evangelista inglés George Whitefield ("¡Oh, Señor, dame almas o toma la mía!") y el misionero a la India Henry Martyn ("No puedo soportar la existencia si Jesús va a ser tan deshonrado").

Dios honra nuestras oraciones por los perdidos. El Espíritu Santo llevó a 3000 almas a Dios en el día de Pentecostés y ha regenerado a miles a lo largo de la historia de la Iglesia. Un ejemplo notable fue Saulo de Tarso, que estuvo presente y dio su consentimiento a la lapidación mortal de Esteban. Podemos suponer fácilmente que Saulo, que se convirtió en el apóstol Pablo, al final se salvó como respuesta a la oración de Esteban al morir: "Señor, no les tomes en cuenta este pecado" (Hch. 7:60). La evangelización auténtica y profunda debe empezar con nuestras oraciones por los perdidos.

SEGUNDA PARTE

LO QUE PROCLAMAMOS Y DEFENDEMOS

4

¿Quién es Dios?

Hace una generación, el pastor bautista Walter Chantry escribió lo siguiente, como parte de un análisis convincente y perceptivo sobre la práctica de la evangelización contemporánea:

> Gran parte de la predicación moderna es anémica, con la sangre vital de la naturaleza de Dios ausente del mensaje. Los evangelistas centran sus mensajes en el hombre. El hombre ha pecado y ha perdido una gran bendición. Si el hombre quiere recuperar su inmensa pérdida, debe actuar así y asá. Sin embargo, el evangelio de Cristo es muy diferente. Comienza con Dios y su gloria. Dice a los hombres que han ofendido a un Dios santo, que Él de ningún modo pasará por alto el pecado. Se les recuerda a los pecadores que la única esperanza de salvación está en la gracia y en el poder de este mismo Dios. El evangelio de Cristo lleva a los hombres a pedirle perdón al Dios santo. (*El evangelio de hoy: ¿Auténtico o sintético?* [Edimburgo: El estandarte de la verdad, 1995], p. 25 del original en inglés).

La esencia de la fe que proclamamos y defendemos debe comenzar con Dios, pero ¿quién es Dios? Para Sigmund Freud, el padre del psicoanálisis contemporáneo, Dios era simplemente una invención de la mente humana en respuesta a tres miedos básicos: el miedo a la naturaleza, el miedo a las relaciones y el miedo a la muerte. Según su teoría, las personas han buscado refugio continuamente en un Dios que resolviera sus problemas y las protegiera. Ese fuerte deseo es el que hizo que las personas inventaran al Dios de la Biblia. Sin embargo, eso es contrario a lo que dicen las Escrituras sobre la naturaleza del hombre. La humanidad siempre ha tratado de evadir la responsabilidad ante los principios de Dios (cp. Gn. 3:8). Los hombres y las mujeres preferirían que el Dios de la Biblia *no* existiera, a pesar de que hay un conocimiento esencial de Él dentro de cada persona, como dice Romanos 1:19-20: "Porque lo que de Dios se conoce les es manifiesto, pues Dios se lo manifestó. Porque las cosas invisibles de él, su eterno poder y deidad, se hacen claramente visibles desde la creación del mundo, siendo entendidas por medio de las cosas hechas, de modo que no tienen excusa". En cambio, las personas persisten en rechazar la revelación que Dios hace de sí mismo para "no tener en cuenta a Dios" (Ro. 1:28).

EL ÚNICO DIOS VERDADERO

A pesar de las teorías y de las especulaciones erróneas de Freud y de otros pensadores seculares, los creyentes saben que quienes no son salvos deben aceptar la existencia de Dios por fe: "Es necesario que el que se acerca a Dios crea que le hay" (He. 11:6). Pero eso es solo el primer paso hacia la fe salvadora. La creencia genuina en Dios va más allá de entender que Dios existe: reconoce al único Dios verdadero que se revela en la Biblia.

Aceptar al Dios verdadero por fe significa que los pecadores deben empezar a aprender lo que el Señor le enseñó a Job:

> *"¿Dónde estabas tú cuando yo fundaba la tierra? Házmelo saber, si tienes inteligencia. ¿Quién ordenó sus medidas, si lo sabes? ¿O quién extendió sobre ella cordel? ¿Sobre qué están fundadas sus bases? ¿O quién puso su piedra angular, cuando alababan todas las estrellas del alba, y se regocijaban todos los hijos de Dios?" (Job 38:4-7).*

Significa creer que lo que Dios dice es cierto, sobre la base de su Palabra.

Nuestra tarea no es mostrarles evidencias científicas a las personas para demostrar la existencia de Dios. Hay muchas pruebas científicas y razonables que hacen que la fe en Dios y en la Biblia sea razonable, pero esas pruebas tienen sus límites. Paul Little, profesor de evangelización y apologética destacado en las décadas de 1960 y 1970, dijo:

> Se puede decir con el mismo énfasis que no se puede "probar" la existencia de Napoleón por el método científico. La razón reside en la naturaleza misma de la historia y a las limitaciones del método científico. Para que algo quede "demostrado" por el método científico, debe ser repetible. No se puede anunciar un nuevo descubrimiento al mundo con base en un solo experimento.
>
> Sin embargo, la historia es irrepetible, debido a su propia naturaleza. Nadie puede "reproducir" el principio del universo ni traer de vuelta a Napoleón, ni repetir el asesinato de Lincoln o la crucifixión de Jesucristo. Pero el hecho de que estos sucesos no se puedan "probar" por la repetición, no desmiente su realidad. (*Know Why You Believe* [Sepa por qué cree]. Downers Grove: InterVarsity Press, 1968, p. 8)

Cuando eliminamos toda discusión y debate sobre la relación del hombre con Dios, cómo puede alguien conocer a Dios y qué debe hacer, entonces todo se reduce a que la persona diga: "Yo creo". Tal fe no se basa en pruebas científicas, sino en las Escrituras inspiradas. Debemos recurrir a la Palabra de Dios para entender lo que afirma sobre la naturaleza de Dios: que Él es una Persona y, no obstante, un espíritu; y que Él es uno aunque se manifiesta en tres personas.

DIOS ES PERSONAL

Los pecadores pueden conocer a Dios porque Él es conocible, tal como Él le dijo al profeta Jeremías: "Me buscaréis y me hallaréis, porque me buscaréis de todo vuestro corazón" (Jer. 29:13). El Señor no hubiera dicho eso de sí mismo si no fuera cierto.

La Biblia está repleta de títulos personales que describen a Dios, como Padre, pastor, amigo y consejero. El texto original también tiene muchos usos de los pronombres personales como *Él*, *su* y *suyo* para referirse a Dios. Esos usos indican que Dios es personal y, por lo tanto, conocible. Él es un espíritu, pero tiene todas las características de la personalidad: piensa, siente, actúa, se relaciona con las personas y habla a sus criaturas mediante las Escrituras. Dios quiere comunicarse con las personas.

DIOS ES ESPIRITUAL

Otra verdad fundamental que los creyentes deben proclamar sobre Dios es que Él es espíritu. Cristo anunció: "Dios es espíritu; y los que le adoran, en espíritu y en verdad es necesario que lo adoren" (Jn. 4:24). El teólogo Charles Hodge explica esta verdad de la siguiente manera:

> Es imposible... sobreestimar la importancia de la verdad que se encuentra en la simple proposición: Dios es Espíritu. En esa proposición está implícito que Dios es inmaterial. Ninguna de las propiedades de la materia puede afirmarse de Él. Él no se extiende ni se divide, no está compuesto, ni es visible ni tangible. Él no tiene volumen ni forma... Al revelar, por tanto, que Dios es Espíritu, la Biblia nos dice que ningún atributo de la materia puede ser afirmado de la esencia divina. (*Systematic Theology* [Teología sistemática], ed. abreviada [Grand Rapids, Mich.: Baker, 1988 reimpreso, pp. 138-139).

Para facilitar la comprensión humana, las Escrituras a veces describen a Dios en términos humanos (antropomorfismos: p. ej., Sal. 89:13; Is. 50:2; Zac. 4:10). Y en momentos trascendentales de la historia de la redención, Él se reveló a sí mismo en formas materiales y tangibles. En ciertos momentos del Antiguo Testamento, Él apareció como el *Shekinah* (la luz divina y gloriosa en el fuego y la nube). En los evangelios, Él apareció en la forma encarnada de

Jesucristo (Jn. 1:14, 18). Sin embargo, ninguna de esas revelaciones manifestó la plenitud de la esencia de Dios, ni contradijo la verdad de que Él es, ante todo, invisible y espiritual (cp. 1 Ti. 1:17).

DIOS ES UNO

Moisés anunció claramente a Israel la verdad de que había un solo Dios verdadero: "Oye, Israel: Jehová nuestro Dios, Jehová uno es" (Dt. 6:4; ver Is. 44:6). Moisés sabía que era fundamental para el testimonio de los israelitas a las naciones paganas y politeístas que vivían a su alrededor, que los israelitas afirmaran su lealtad al Dios único y verdadero. Moisés les recordó el segundo mandamiento, en el cual declaró ser un Dios celoso (Éx. 20:4-5). Eso significaba que su pueblo no debía adorar a ninguna otra deidad.

Posteriormente, Jesús se hizo eco de la enseñanza de Moisés cuando dijo a los maestros judíos: "Oye, Israel: El Señor nuestro Dios, el Señor uno es. Y amarás al Señor tu Dios con todo tu corazón, y con toda tu alma, y con toda tu mente, y con todas tus fuerzas" (Mr. 12:29-30). El Hijo de Dios quería que las personas amaran a Dios con una lealtad íntegra y, al mismo tiempo, se identificó como Dios (Jn. 10:30, 38; 12:45; 14:7-10; 17:11). (Esto forma parte del misterio de la Trinidad, que estudiaremos en la próxima sección).

Pablo recalcó la importancia de la unicidad de Dios:

> *"No hay más que un Dios. Pues aunque haya algunos que se llamen dioses, sea en el cielo, o en la tierra... sin embargo, solo hay un Dios, el Padre, del cual proceden todas las cosas, y nosotros somos para él; y un Señor, Jesucristo, por medio del cual son todas las cosas, y nosotros por medio de él" (1 Co. 8:4-6).*

Pablo también utilizó la verdad de la unicidad de Dios para afirmar la oferta universal del evangelio: "¿Es Dios solamente Dios de los judíos? ¿No es también Dios de los gentiles? Ciertamente, también de los gentiles. Porque Dios es uno, y él justificará por la fe a los de la circuncisión, y por medio de la fe a los de la incircuncisión" (Ro. 3:29-30; cp. 1 Ti. 2:5). De este modo, las Escrituras son claras al decir que hay un solo Dios verdadero, y que Él es la única fuente de auténtica salvación para todas las personas.

DIOS ES TRES EN UNO

Otra verdad fundamental acerca de Dios que debemos proclamar es que Él es un ser que existe en tres personas. Esto, por supuesto, es la doctrina de la Trinidad, que siempre ha sido un misterio sin precedentes en la experiencia humana y es imposible de entender completamente. Algunos profesores han utilizado analogías terrenales muy limitadas para tratar de explicarla. Por ejemplo, señalan que un huevo tiene cáscara, clara y yema, pero sigue siendo un objeto. Y el agua puede existir en tres estados diferentes: líquido, sólido o gaseoso; pero conserva la misma fórmula química (H_2O). De manera similar, de acuerdo con estas analogías, la Divinidad está formada por tres personas que ministran juntas como un solo Dios.

Estas ilustraciones son útiles, pero no proporcionan una verdadera explicación de cómo Dios puede ser tres personas en una. La gloria majestuosa del Dios trino es infinita, y debemos aceptar por fe lo que el Antiguo Testamento enseña sobre su trinidad y, en particular, lo que enseña el Nuevo Testamento al respecto.

La Trinidad en el Antiguo Testamento

El primer versículo de la Biblia indica que la Divinidad es plural. La traducción de Génesis 1:1 al español no lo refleja, pero el término hebreo *Elohim*, traducido como "Dios" tiene un sufijo plural que presenta a un Dios singular expresado como una pluralidad.

La pluralidad de la Divinidad fue fundamental en la creación del universo (Gn. 1:1—2:3), y fue evidente en la creación del hombre, cuando Dios dijo: "*Hagamos* al hombre a *nuestra* imagen, conforme a *nuestra* semejanza" (1:26, cursivas añadidas). Sin lugar a dudas, en Génesis también se hace referencia a la Trinidad cuando

Dios castigó a la humanidad por su ambición pecaminosa que produjo la torre de Babel: "Ahora, pues, *descendamos*, y *confundamos* allí su lengua, para que ninguno entienda el habla de su compañero" (Gn. 11:7, cursivas añadidas).

En otros pasajes del Antiguo Testamento, se alude a las diferentes personas de la Trinidad, con gran parte de la atención centrada en el Cristo pre-encarnado. Charles Hodge nos ofrece esta perspectiva adicional:

> Encontramos que a lo largo del Antiguo Testamento se menciona constantemente a una persona a quien se le atribuyen títulos, atributos y obras propias de Jehová, aunque es distinto de Jehová como persona. A esta persona se le llama el ángel de Dios, el ángel de Jehová, Adonai, Jehová y Elohim. Esta persona afirma tener autoridad divina, ejerce derechos divinos y recibe homenaje divino…
>
> Además, tenemos el testimonio claro de los escritores inspirados del Nuevo Testamento de que el ángel del Señor —la manifestación de Jehová que guió a los israelitas por el desierto y habitó en el templo— era Cristo; es decir, el ángel era el Verbo… que se hizo carne y llevó a cabo la obra que se predijo que el Mesías debía cumplir. (*Systematic Theology* [Teología sistemática], p. 335).

En algunos pasajes del Antiguo Testamento en los que Cristo realmente habla, menciona a los otros dos miembros de la Trinidad: "Acercaos a mí, oíd esto: desde el principio no hablé en secreto; desde que eso se hizo, allí estaba yo; y ahora me envió Jehová el Señor, y su Espíritu" (Is. 48:16c; cp. Sal 2:7; 45:7; 110:1).

La Trinidad en el Nuevo Testamento

Puesto que el Nuevo Testamento presenta la encarnación del segundo miembro de la Trinidad y el envío del tercer miembro para ministrar en la tierra, hay un amplio apoyo para la doctrina de la Trinidad. A lo largo del Nuevo Testamento, las tres Personas de la Divinidad aparecen mencionadas en relación con acontecimientos y verdades importantes.

La Trinidad se mostró en el nacimiento, la muerte y la resurrección del Señor Jesús. Un ángel del cielo anunció a María: "El Espíritu Santo vendrá sobre ti, y el poder del Altísimo te cubrirá con su sombra; por lo cual también el Santo Ser que nacerá será llamado Hijo de Dios" (Lc. 1:35).

El Padre, el Hijo y el Espíritu Santo participaron en el bautismo de Jesús: "Aconteció en aquellos días, que Jesús vino de Nazaret de Galilea, y fue bautizado por Juan en el Jordán. Y luego, cuando subía del agua, vio abrirse los cielos, y al Espíritu como paloma que descendía sobre él. Y vino una voz de los cielos que decía: Tú eres mi Hijo amado; en ti tengo complacencia" (Mr. 1:9-11, cp. Mt. 3:13-17; Lc. 3:21-22).

La resurrección de Cristo se llevó a cabo por el poder del Padre (Ro. 6:4; Gá. 1:1; 1 P. 1:3), del Hijo (Jn. 10:18) y del Espíritu Santo (Ro. 8:11).

La expiación de Cristo por los pecadores se llevó a cabo también gracias al ministerio de los miembros de la Trinidad. El Hijo se ofreció como un sacrificio perfecto para el Padre, y el Espíritu Santo descendió sobre Él y lo llenó de poder para hacerlo (cp. He. 9:14; 1 P. 1:1-2). Por otra parte, El Padre, el Hijo, y el Espíritu Santo cumplen cada uno un papel específico al asegurar la salvación que la expiación proporciona a todos los que creen. El Padre establece a los creyentes en Jesucristo (2 Co. 1:21-22); el Hijo garantiza que serán sin culpa cuando Él regrese por los suyos en el arrebatamiento (1 Co. 1:7-8.); y el Espíritu sella la herencia del creyente en el cielo (Ef. 1:13).

Otra verdad insondable respecto a la Trinidad es que tiene un solo nombre pero son tres Personas, como se evidencia cuando Jesús dijo: "Por tanto, id, y haced discípulos a todas las naciones, bautizándolos en el nombre del Padre, y del Hijo, y del Espíritu Santo" (Mt. 28:19). Jesús no atribuyo un nombre distinto a cada miembro de la Trinidad, sino que usó "*el* nombre" para hablar de todo lo que Dios es y hace como la Trinidad.

Otros aspectos de la obra de la Trinidad están también más allá de nuestra comprensión completa, por ejemplo, cómo el Padre y el Hijo fueron ambos responsables de enviar al Espíritu (ver Jn. 14:16-17; 15:26). J. I. Packer ofrece el siguiente punto de vista sobre este misterio eterno:

> Aquí nos enfrentamos a la verdad más vertiginosa e insondable de todas: la verdad de la Trinidad... ¿Qué debemos hacer con ello? En sí misma, la divina Trinidad es un misterio, un hecho trascendente que sobrepasa nuestro entendimiento...
>
> Cómo puede ser que el Dios eterno sea singular y plural; cómo es que el Padre, el Hijo y el Espíritu Santo son personalmente distintos pero esencialmente uno... esto es más de lo que podemos saber, y cualquier intento de "explicarlo" para disipar el misterio mediante el razonamiento, a diferencia de confesarlo con base en las Escrituras, va camino de falsearlo. Aquí, como en otros casos, nuestro Dios es demasiado grande para las pequeñas mentes de sus criaturas. (*I Want to Be a Christian* [Quiero ser cristiano] [Wheaton, Ill.: Tyndale House, 1977], pp. 29-30).

La única forma de aceptar la realidad del Dios trino es confiar en lo que dice su Palabra revelada. Entonces, podremos llevar a otros hacia un Padre que desea que los pecadores se salven, hacia un Hijo cuya muerte es suficiente para pagar el castigo por el pecado, y hacia un Espíritu Santo que puede llevarlos a la fe salvadora. Cuando empiezan a comprender cuán grande es Dios, eso debería llevarlos a ser humildes y a considerar que son responsables ante Él por su pecado y rebelión.

LA REVELACIÓN DE LA IRA DE DIOS

Romanos 1:18 declara una verdad importante acerca de la naturaleza de Dios. Esta verdad es a menudo ignorada en esta era de enseñanza y evangelización centrada en el hombre: "Porque la ira de Dios se revela desde el cielo contra toda impiedad e injusticia de los hombres que detienen con injusticia la verdad". Desde el principio de la historia humana, Dios no ha dejado de revelar su ira.

La primera vez fue en respuesta a la desobediencia de Adán y Eva, cuando comieron del fruto del árbol del conocimiento del bien y del mal, e hicieron que ellos y toda la humanidad después de ellos y toda la creación cayeran bajo la maldición del pecado. Fue necesario, pues, expulsar al primer hombre y a la primera mujer del huerto del Edén. En los siglos posteriores, la humanidad se volvió tan depravada que Dios desató su ira de nuevo mediante el diluvio (cp. Gn. 6:7). Dios demostró su ira también cuando destruyó la gran pecaminosidad de Sodoma y Gomorra, envió plagas sobre los egipcios e instituyó el sistema de sacrificios. El sufrimiento y la muerte de Jesucristo fueron tal vez la máxima demostración de la ira de Dios. El Padre odia tanto el pecado que, por el bien de los pecadores, derramó su furia justa sobre su Hijo amado y sin pecado, que tomó el lugar de ellos.

La naturaleza de la ira de Dios

Si vamos a ser evangelistas eficaces, debemos explicar con claridad a los incrédulos la naturaleza de la ira de Dios contra el pecado. Su ira no se dispensa de una manera indiferente o mecánica, como proveniente de una computadora cósmica anónima. Por el contrario, las Escrituras revelan que su ira es el resultado de su intensa reacción personal contra el pecado.

Algunas palabras del Antiguo Testamento describen la reacción del Dios santo ante el pecado humano. Por ejemplo, la palabra hebrea *charah* significa "acalorarse, arder con furia". En ese sentido, la ira de Dios fue dirigida contra Israel porque practicaba ritos paganos inmorales (Nm. 25:3). Su enojo se alejó de las personas solo después de que Moisés ejecutó a los líderes que participaron en tales ritos pecaminosos.

La palabra relacionada *charon* se refiere a una ira ardiente y feroz. La ira del Señor se encendió contra los israelitas cuando desobedecieron sus mandamientos y adoraron a un becerro de oro fundido (Éx. 32:12).

Za'am representa también la naturaleza de la ira de Dios. Se utiliza para referirse a alguien que está furioso: "Dios está airado contra el impío todos los días" (Sal. 7:11).

El apóstol Pablo enseñó que Dios mostrará "*ira* y *enojo* a los que son contenciosos y no obedecen a la verdad, sino que obedecen a la injusticia; *tribulación* y *angustia* sobre todo ser humano que hace lo malo" (Ro. 2:8-9, cursivas añadidas). La palabra traducida como "ira" significa "tener prisa" o "respirar con violencia". Por ejemplo, su uso bíblico describe el deseo del faraón de matar a Moisés, la rabia de quienes querían arrojar a Jesús por un acantilado y las emociones relacionadas con el alboroto en Éfeso. Del mismo modo, la ira de Dios estallará como un fuego abrasador contra todos los pecadores que, sin excepción, desobedecen su ley, rechazan el evangelio y se oponen a éste.

¿Por qué la ira de Dios?

La razón principal por la que Dios se ve obligado a desatar su ira es que los hombres y las mujeres rechazan pecaminosamente su revelación de sí mismo (Ro. 1:18-21). No se parece en absoluto a un ataque de rabia humana incontrolable e irracional que puede arremeter vengativamente contra la persona que ofende. Dios dirige su ira con cuidado y discernimiento hacia la impiedad e injusticia específicas (cp. v. 18).

La "impiedad" se produce de manera natural cuando las personas no tienen una relación correcta con Dios. La impiedad de los no creyentes se manifiesta en su maldad hacia Él. Con el tiempo, la desobediencia a su ley, la falta de reverencia, devoción y adoración los lleva a la idolatría e, incluso, se oponen intensamente a Él. Eso sucede, aun cuando la creación les ha proporcionado suficiente luz espiritual a todos los que han vivido para reconocer el poder sustentador de Dios y su divinidad.

Los incrédulos deben saber que Dios los acusa del delito más grave que pueden cometer: "Pues habiendo conocido a Dios, no le glorificaron como a Dios" (v. 21). Cuando las personas se niegan con persistencia a reconocer los atributos de Dios y que solo Él es digno de su completa adoración y lealtad, están mostrando simplemente la esencia de la humanidad caída y demuestran que merecen ser objetos de la ira santa de Dios.

La famosa declaración del Catecismo Menor de Westminster nos dice cuál es la responsabilidad de la humanidad: "El fin principal del hombre es glorificar a Dios y gozar de Él para siempre" (cp. Sal. 148; 1 Co. 10:31). Sin embargo, ahí es exactamente donde los hombres y las mujeres no regenerados se quedan cortos y se convierten en objetos de la ira de Dios.

EL PLAN DE REDENCIÓN SOBERANO DE DIOS

Sin embargo, Dios en su soberanía ha mostrado misericordia, así como ira. Según su plan eterno, algunos escaparán de su ira y estarán dispuestos a adorarle y servirle. Pablo habló de ese tema en Romanos 9. Usó a Jacob y a Esaú para ilustrar la elección de Dios respecto a la salvación: "(Pues no habían aún nacido [Jacob y Esaú], ni habían hecho aún ni bien ni mal, para que el propósito de Dios conforme a la elección permaneciese, no por obras, sino por el que llama), se le dijo: El mayor servirá al menor" (vv. 11-12).

Como el apóstol explicó en Romanos 4 acerca de la justificación de Abraham (cp. Gn. 15:6), solo Dios, independientemente de las obras o de los méritos humanos, redime a todos los que creen. Se ha propuesto soberanamente amar a los suyos y nada puede quebrantar su plan ni hacer que deje de funcionar porque Dios es fiel a su Palabra.

Los judíos no han sido los únicos beneficiarios de la gracia y de la misericordia de Dios a través de su plan de redención (de hecho, no todos se van a salvar). Pablo lo explica de esta manera en Romanos 9:6-8: "Porque no todos los descendientes de Israel son israelitas, ni por ser descendientes de Abraham, son todos hijos; sino: En Isaac te será llamada descendencia. Esto es: No los que son hijos según la carne son los hijos de Dios, sino que los que son hijos según la promesa son contados como descendientes".

¡Qué verdad tan maravillosa para presentársela a los incrédulos! Abraham es el padre espiritual de todos los que creen (cp. Ro. 4:11-12; Gá. 3:7). Y aquellos que se convierten en verdaderos hijos e hijas espirituales de Abraham, porque han ejercitado la misma fe que él tuvo, estarán seguros para siempre en el plan de redención soberano de Dios. Pablo resume esta verdad en Romanos 8:29-30: "Porque a los que antes conoció, también los predestinó para que fuesen hechos conformes a la imagen de su Hijo, para que él sea el primogénito entre muchos hermanos. Y a los que predestinó, a éstos también llamó; y a los que llamó, a éstos también justificó; y a los que justificó, a éstos también glorificó".

DIOS NUNCA CAMBIA

La soberanía de Dios en la salvación tiene que ver con su carácter inmutable. Podemos contar con Él como la fuente confiable y constante de redención verdadera y de todas sus bendiciones posteriores. Dios mismo da testimonio de esta verdad: "Porque yo Jehová no cambio" (Mal. 3:6), y el apóstol Santiago dice que en Dios "no hay mudanza, ni sombra de variación" (Stg. 1:17).

Desde una perspectiva humana, el cambio puede ser bueno o malo, pero ninguno de los dos es concebible con Dios. A. W. Pink describió el carácter inmutable de Dios de esta manera: "[Dios] no puede mejorar porque ya es perfecto; y al serlo, no puede empeorar. No hay nada que lo afecte fuera de sí mismo, así que es imposible que mejore o empeore, es perpetuamente el mismo. (*The Attributes of God* [Los atributos de Dios] [Grand Rapids, Mich.: Baker, reimpresión 1975], p. 37).

Sin embargo, a pesar de esa verdad, algunas personas están confundidas todavía por algunos pasajes de las Escrituras sobre el pecado, el arrepentimiento y la salvación, que parecen decir que Dios puede cambiar de parecer. Por ejemplo, refiriéndose a la época antes del diluvio, la narración de Moisés dice: "Y se arrepintió Jehová de haber hecho hombre en la tierra, y le dolió en su corazón. Y dijo Jehová: Raeré de sobre la faz de la tierra a los hombres que he creado, desde el hombre hasta la bestia, y hasta el reptil y las aves del cielo; pues me arrepiento de haberlos hecho" (Gn. 6:6-7). Pero no fue el carácter de Dios lo que cambió en esa situación. En el principio, Él creó al hombre y a la mujer para que hicieran buenas obras, pero eligieron desobedecerle y hacer el mal. Esa decisión trajo dolor, o como dicen algunas traducciones, "entristeció" al Dios santo, el cual no tiene pecado (cp. Éx. 32:14; 1 S. 15:11; Jer. 26:3).

Otro pasaje que se malinterpreta con frecuencia es el que se refiere al arrepentimiento de Nínive después de la predicación de Jonás. Cuando Dios vio que sus habitantes se apartaron de sus pecados, "se arrepintió del mal que había dicho que les haría, y no lo hizo" (Jon. 3:10). De nuevo, fue una situación en la que el carácter fundamental de Dios no cambió. No "se arrepintió" (como lo traduce la versión RVR-60), sino que simplemente mostró misericordia (algo que Dios suele hacer) a los ninivitas porque se habían apartado de sus pecados.

Ninguno de los dos relatos muestra que Dios puede cambiar. Antes bien, son recordatorios de que su carácter es santo y completamente consecuente. Él siempre castiga la incredulidad pecaminosa, y recompensa la fe salvadora y sincera. Números 23:19 describe su justicia inalterable: "Dios no es hombre, para que mienta, ni hijo de hombre para que se arrepienta. Él dijo, ¿y no lo hará? Habló, ¿y no lo ejecutará?".

Todas las personas y todas las cosas creadas por Él están sujetas a cambios. El libro de Apocalipsis habla de los cambios extremos que experimentarán los cielos al final de los tiempos (cf. 6:12-14; 8:12), y describe también el cambio drástico que sufrirá la tierra (8:7-11).

Tanto los creyentes como los incrédulos están sujetos a cambios. La mayor parte del tiempo, los cristianos genuinos afirmarán su amor por Dios y confiarán en Él, como cuando David dijo: "Jehová es mi roca y mi fortaleza, y mi libertador; Dios mío, fortaleza mía, en él confiaré" (2 S. 22:2-3). Sin embargo, habrá momentos en los que, al igual que David, sentirán temor y mostrarán falta de confianza (cp. 1 S. 27:1).

Ante todos estos cambios, aun nos queda la verdad que debemos proclamar a los perdidos: el Dios trino y personal no cambia. Los pecadores que huyen de su ira pueden estar seguros en su plan eterno de redención, porque Dios honra su Palabra y cumple fielmente todas sus promesas. Jesús les dijo a sus discípulos: "Tened fe en Dios" (Mr. 11:22); con esto, les estaba expresando: "Pueden confiar en Dios. Pueden poner sus vidas en sus manos". También les declaró: "Todo lo que el Padre me da, vendrá a mí; y al que a mí viene, no le echo fuera" (Jn. 6:37). De igual manera, les extiende esta invitación con confianza a todos los pecadores, porque sabe que la promesa de Dios al profeta Isaías se cumplirá: "Ciertamente se hará de la manera que lo he pensado, y será confirmado como lo he determinado" (Is. 14:24).

5

La fiabilidad de las Escrituras

En la actualidad, vivimos (y así ha sido durante las últimas dos décadas) en lo que han llamado un mundo poscristiano, posmoderno. La era moderna se definió por la creencia en y la búsqueda de la verdad. La era posmoderna deja atrás esa creencia y ya no reconoce las normas absolutas de la moral o la verdad. Aquello que a usted le hace sentirse bien y que no "lastima" a otros se considera que es una conducta aceptable, y la verdad es lo que cada uno cree que es. Definir la verdad en un ambiente así es un proceso personal y subjetivo.

Pero ese punto de vista va en contra de todo lo que vemos en los reinos natural y físico. La ciencia (ya sea la astronomía, la zoología, la botánica, la fisiología, la física o las matemáticas) está controlada por principios objetivos y fijos.

Sin embargo, respecto a la moral y a la visión del mundo, quienes no son salvos viven según sus propios principios flexibles, e ignoran la existencia de leyes absolutas en el reino espiritual. Dios incorporó las leyes morales en el tejido de la vida, así como estableció leyes naturales en la dimensión física. Y que las personas no crean en esa leyes espirituales no elimina las consecuencias negativas cuando las desobedecen. Alguien puede elegir no creer en la ley de la gravedad, pero caerá al suelo si salta desde una torre. Del mismo modo, alguien puede creer que los principios morales bíblicos son erróneos o anticuados, pero no podrá escapar de las consecuencias de violarlos.

Como creyentes, reconocemos y respetamos el hecho de que Dios tiene principios absolutos en cuanto a la moral, la ética y la verdad. También sabemos que Él espera que el hombre los obedezca. Y, por supuesto, la Biblia es la única fuente fidedigna y fiable de las reglas inmutables de Dios para la vida. Armados con ese conocimiento y con el deseo que nos da el Espíritu Santo de obedecer (y con la garantía de que la Palabra de Dios es firme y segura; cp. Sal. 119:89; Mt. 24:35; 1 P. 1:25), podemos guiar con confianza a familiares y a amigos incrédulos hacia las Escrituras, ya que ellas contienen "todo el consejo de Dios respecto a todas las cosas necesarias para su propia gloria, la salvación del hombre, la fe y la vida" (Confesión de Fe de Westminster, cap. I, párrafo VI).

SER TESTIGO DE LA PALABRA DE DIOS INSPIRADA

Lo primero que debemos proclamar y defender acerca de las Escrituras es que es un libro divinamente inspirado. La inspiración fue el medio principal que Dios usó para revelarle su mensaje a la humanidad. El Espíritu Santo dio a conocer a los escritores humanos los temas y las palabras que Dios quería registrar en el Antiguo y el Nuevo Testamento.

La definición

Esta doctrina básica se explica claramente en 2 Timoteo 3:16: "Toda la Escritura es inspirada por Dios". La palabra griega traducida como "inspirada" es *theopneustos*, que significa literalmente "aliento de Dios". Se refiere a todo el contenido de la Biblia, lo que sale de la boca de Dios: su Palabra.

Puesto que por el aliento de la boca de Dios se creó el universo (cp. Sal. 33:6), tiene sentido también que creara la Biblia de igual manera. Las Escrituras reflejan la verdad de todo lo que Dios ha dicho. De hecho, en algunos pasajes, la palabra *Escritura* es sinónimo del nombre *Dios*: "Y la Escritura… dio de antemano la buena nueva a Abraham, diciendo: En ti serán benditas todas las naciones" (Gá. 3:8), "Mas la Escritura lo encerró todo bajo pecado, para que la promesa que es por la fe en Jesucristo fuese dada a los que creen" (v. 22). En esos versículos, la Biblia habla y actúa como la voz de Dios.

Lo mismo ocurre en otras citas del Antiguo Testamento. Haciendo referencia a cuando Dios habló al faraón (Éx. 9:16), el apóstol Pablo escribió: "Porque la *Escritura* dice a Faraón: Para esto mismo te he levantado" (Ro. 9:17, cursivas añadidas). Cada vez que leemos la Biblia, leemos las palabras de Dios.

El proceso

Aún así, la verdad de la inspiración puede provocar una pregunta válida: "¿Cómo puede la Biblia ser la Palabra de Dios y, al mismo tiempo, la palabra de escritores humanos?". La respuesta es: el Espíritu Santo formó y guió los pensamientos y las personalidades de los hombres mientras escribían. Hizo que fueran las personas que Él quería al controlar su herencia y moldear su entorno. Cuando en la providencia de Dios cada factor de la vida de los autores (personalidad, emociones, habilidades lingüísticas, entre otros) era el correcto, Dios supervisó la libre elección de los autores, de manera que escribieron las mismas palabras y frases que Él quería que el hombre recibiera. Vemos evidencia de ese proceso cuando leemos cualquier libro de la Biblia. Cada uno tiene un carácter único y un estilo literario diferente. A menudo, detectamos las emociones que el autor sentía cuando escribía el libro. Las palabras son palabras de hombres, pero también son de Dios. Por tanto, es correcto decir que el Señor escribió las Escrituras a través de varios hombres (cp. 2 P. 1:21).

El alcance

Toda la Escritura es inspirada por Dios. La palabra "toda" (*pasa*) —en el griego puede también significar "cada"— refuerza el hecho de que la inspiración divina produjo cada palabra de las Escrituras.

Jesús dio a entender que toda la Escritura es inspirada como un cuerpo unificado de verdad cuando declaró: "La Escritura no puede ser quebrantada" (Jn. 10:35). Toda la Biblia es pura y auténtica; *ninguna* de sus palabras puede anularse porque todas forman parte de las Sagradas Escrituras de Dios (cp. 2 Ti. 3:15). Cristo puso énfasis también en el significado divino de cada pequeño detalle de las Escrituras cuando dijo en el sermón del monte: "Porque de cierto os digo que hasta que pasen el cielo y la tierra, ni una jota ni una tilde pasará de la ley, hasta que todo se haya cumplido" (Mt. 5:18). La "tilde" se refiere a un signo muy pequeño que se pone sobre ciertas palabras. El hombre no debe alterar la Palabra de Dios, pues Él se toma el asunto muy en serio. Cada parte de las Escrituras es inspirada, importante y digna de nuestro máximo respeto.

LA PALABRA DE DIOS: CARACTERÍSTICAS DEL PRODUCTO FINAL

La Biblia es la Palabra inspirada de Dios, no una simple compilación de opiniones, ideas, filosofías o pensamientos "inspirados" de varios escritores. Ciertamente, no es el resultado de una encuesta que preguntó al público qué preferiría escuchar ni una compilación de las mejores ideas de los mejores pensadores del mundo. Las Escrituras son nada menos que la revelación escrita de Dios y, como tal, posee ciertas características que deben mencionarse a cualquiera que dude sobre las afirmaciones del cristianismo.

La Biblia es infalible

En primer lugar, es importante que defendamos ante los demás la *infalibilidad* de la Biblia. Una afirmación común sobre la infalibilidad de las Escrituras dice: "La Biblia es la Palabra de Dios, la regla infalible de fe y práctica". Creo que esa declaración puede y debería formularse con incluso más fuerza: "La Biblia es la Palabra *infalible* de Dios, la única regla de fe y práctica". Cuando el término "infalible" describe la "Palabra", hace que sea inequívoco afirmar que la Biblia es infalible en su *totalidad*. Con esto, queremos decir que los manuscritos originales, escritos por autores inspirados, no tuvieron errores. (Eruditos bíblicos competentes y santos han explicado los errores menores introducidos en las copias de las Escrituras a lo largo de los siglos. Ninguno de los errores de los copistas ha sido lo suficientemente grave como para cuestionar la infalibilidad de las Escrituras).

El argumento a favor de la infalibilidad de la Palabra es muy lógico. Si un Dios perfecto con un carácter perfecto es nuestra máxima autoridad, y si Él inspiró a los escritores de cada libro de las Escrituras, entonces cada libro es perfecto (cp. Sal. 19:7; Pr. 30:5), y las Escrituras, como un todo, se convierten en nuestra autoridad perfecta y definitiva. No hay nada que pueda remplazarlas legítimamente como la fuente de lo que las personas deben creer y hacer.

La Biblia es inerrante

La verdad de que la Biblia es "inerrante" es casi un sinónimo de la infalibilidad bíblica. Los dos conceptos "tienen un valor especial porque explícitamente garantizan las verdades esenciales positivas" ("La declaración de Chicago sobre la inerrancia bíblica", Consejo Internacional de la Inerrancia Bíblica, James M. Boice, presidente. Conferencia especial sobre la autoridad de las Escrituras, Chicago, octubre de 1978). Los autores de la "La declaración de Chicago" definieron los términos con más precisión y manifestaron la importancia de su relación:

> *Infalible* se refiere a la cualidad de no engañar ni ser engañado, y esto garantiza, en términos categóricos, la verdad de que las Sagradas Escrituras son una regla segura, fidedigna y fiable, y una guía en todos los asuntos.
>
> De forma similar, *inerrante* significa la cualidad de ser libre de toda falsedad o error, y esto garantiza la verdad de que las Sagradas Escrituras son completamente ciertas y fiables en todas sus afirmaciones (cursivas en el texto original).

El término *veracidad* transmite con precisión el significado principal de infalibilidad e inerrancia. El Autor de las Escrituras se llama a sí mismo la esencia de la verdad (Is. 65:16) y el profeta Jeremías le atribuye la misma cualidad: "Mas Jehová es el Dios verdadero" (Jer. 10:10). Los escritores del Nuevo Testamento también equiparan a Dios con la verdad (p. ej., Jn. 3:33; 17:3; 1 Jn. 5:20) y los dos Testamentos hacen énfasis en que Dios no miente (Nm. 23:19; Tit. 1:2; He. 6:18).

La Biblia tiene que ser inerrante porque es la Palabra de Dios, y Dios es un Dios de verdad. Proverbios 30:5 resume bien el alcance y las implicaciones prácticas de la inerrancia: "Toda palabra de Dios es limpia [verdadera]; Él es escudo a los que en él esperan".

La Biblia es autoritativa

Si la Palabra de Dios es perfecta y sin error, se infiere lógicamente que debemos presentarla como el libro más *autoritativo* del mundo: el único documento que tiene la última palabra sobre la verdad. Robertson McQuilkin, reconocido intérprete de la Biblia, presenta una razón muy elemental y convincente para que cualquiera acepte a la Palabra de Dios como la autoridad final:

> Como Dios es el autor, la Biblia es autoritativa. Es absoluta en su autoridad para el pensamiento y la conducta humana. "Como dice la Escritura" es un tema recurrente a lo largo del Nuevo Testamento. De hecho, el Nuevo Testamento contiene más de doscientas citas directas del Antiguo Testamento. Además, encontramos una gran cantidad de alusiones al Antiguo Testamento. Los escritores del Nuevo Testamento, siguiendo el ejemplo de Jesucristo, construyeron su teología sobre el Antiguo Testamento. Para Cristo y los apóstoles, citar las palabras de la Biblia era dejar resuelto un asunto (*Understanding and Applying the Bible* [Entender y poner en práctica la Biblia] [Chicago: Moody Press, 1992], p. 20).

Sin embargo, los críticos incrédulos de la Biblia iniciaron el alejamiento de ese alto concepto de la autoridad bíblica. Ese movimiento se avivó a mediados del siglo XVIII, durante el período de la Ilustración. Las presuposiciones naturalistas, el conocimiento y razonamiento humano, los nuevos descubrimientos y teorías científicos, y las perspectivas más sofisticadas de la literatura y de la filosofía se utilizaron para "conocer la verdad auténtica" de la Biblia. Todo eso llevó al liberalismo teológico, en el que los llamados eruditos bíblicos aceptaron una visión de alta crítica de las Escrituras. A lo largo del siglo XIX, vieron cada vez más a la Biblia como un libro lleno de errores y mitos, que no fue escrito por apóstoles y profetas inspirados (como se afirmaba), y que no tenía más autoridad que las obras de William Shakespeare o Charles Dickens.

A comienzos del siglo XX, la neo-ortodoxia surgió como respuesta a algunos de los excesos del liberalismo. Sus defensores trataron de restablecer la autoridad de las Escrituras al reafirmar la pecaminosidad del hombre y al declarar que, aunque no era toda *la* Palabra de Dios, la Biblia sí "contiene" la Palabra de Dios.

Pero los creyentes genuinos, o incluso los no creyentes juiciosos y perspicaces, no deben dejarse persuadir por la neo-ortodoxia, porque todavía nos deja con una visión de las Escrituras centrada en el hombre. La Biblia se convierte, en parte, en Palabra de Dios y, en parte, en palabra del hombre, y que son la razón y las presuposiciones humanas los que actúan como árbitros finales para determinar lo que es autoritativo y lo que no lo es.

Las dudas y el escepticismo posmodernos acerca de la Biblia son amenazas potenciales para la relación de cada persona con Dios. Si usted tiene en cuenta tales afirmaciones, pone en peligro su testimonio y eso le resta eficacia. Y, por desgracia, si los incrédulos consideran la Biblia como un libro más, a menos que intervenga el Espíritu, perderán el derecho a cualquier oportunidad de arrepentirse y creer en el evangelio.

Piense en la confianza piadosa que tuvo C. H. Spurgeon, predicador del siglo XIX, cuando afirmó: "No es necesario defender a un león cuando lo están atacando. Todo lo que debe hacer es abrir la puerta y dejarlo salir".

La Biblia es eficaz

Otra característica que da fe de la autenticidad global de la Biblia es su *eficacia*. El profeta Isaías describe en un lenguaje pintoresco la capacidad de las Escrituras para producir los resultados que Dios desea:

> *"Porque como desciende de los cielos la lluvia y la nieve, y no vuelve allá, sino que riega la tierra, y la hace germinar y producir, y da semilla al que siembra, y pan al que come, así será mi palabra que sale de mi boca; no volverá a mí vacía, sino que hará lo que yo quiero, y será prosperada en aquello para que la envié" (Is. 55:10-11).*

De vez en cuando, notamos que nos falla algún producto o dispositivo de uso diario. Nuestros coches y camiones se averían en la carretera o incluso a la entrada de nuestras casas. Puede que un electrodoméstico necesario no funcione por deterioro o por un corte de energía. Incluso la computadora portátil más poderosa y moderna no puede ofrecer un servicio móvil si no tiene una fuente de energía o si hay que recargar la batería. Sin embargo, nunca debemos tener esas preocupaciones respecto a la Biblia. Siempre funciona de manera eficaz y produce resultados de acuerdo con la voluntad de Dios (aunque no siempre se ajuste al programa del hombre).

Pablo expresó la eficacia de la Palabra de la siguiente manera: "Pues nuestro evangelio no llegó a vosotros en palabras solamente, sino también en poder, en el Espíritu Santo y en plena certidumbre" (1 Ts. 1:5). Cuando se proclaman y se defienden las Escrituras, brotan con el poder del Espíritu y podemos estar seguros de que serán eficaces.

LA BIBLIA TESTIFICA DE SÍ MISMA

Además de las verdades certeras de la inspiración divina de la Biblia, su autoridad infalible y su eficacia, cualquier testigo de Cristo fiel querrá defender lo que la Biblia dice de sí misma. Podemos recurrir a tres fuentes principales que demuestran de forma fiable la consistencia, la unidad y la autenticidad de las Escrituras:

los autores humanos de los distintos libros, el Señor Jesucristo y el Autor divino, el Espíritu Santo.

El testimonio de los escritores bíblicos

Los escritores humanos, a través de los cuales Dios expresó su revelación, tuvieron orígenes diversos: Pablo era fariseo y teólogo, Mateo era cobrador de impuestos, Daniel era estadista, Lucas era médico y Josué era soldado. Además, hubo reyes, sacerdotes, pastores y pescadores. La mayoría eran hombres comunes y corrientes, sin mayor educación formal. Es verdaderamente sorprendente que los autores de la Biblia, que tenían trasfondos tan diversos y escribieron durante un período de 1600 años desde lugares muy lejanos, escribieran de manera uniforme con la confianza de que estaban expresando la Palabra de Dios. Escribieron con la misma autoridad cientos de veces y de muchas maneras, redactando un tema perfectamente unificado que siempre transmitió el mensaje de Dios de forma infalible.

Los autores trataron distintos aspectos de la verdad con precisión. Escribieron sobre hechos históricos que pueden verificarse. Hicieron observaciones científicamente correctas, como en Job 26:7: "Él extiende el norte sobre el vacío, cuelga la tierra sobre nada". Los médicos contemporáneos reconocen que la información de la Biblia sobre la medicina y la salud aún puede ayudar a las personas de hoy a vivir de forma saludable.

En cuanto a algunos hechos científicos, la Biblia se adelantó a su tiempo. En el siglo XVI, el científico inglés William Harvey descubrió el funcionamiento del sistema circulatorio humano, pero muchos siglos antes el libro de Levítico declaró: "Porque la vida de la carne en la sangre está" (17:11; cp. Gn. 9:4). O considere el filósofo inglés del siglo XIX Herbert Spencer, el cual propuso cinco categorías para el universo: tiempo, fuerza, acción, espacio y materia. Pero Moisés comenzó el libro de Génesis con esta declaración: "En el principio [tiempo] Dios [fuerza] creó [acción] los cielos [espacio] y la tierra [materia]" (1:1).

Los hombres que escribieron las Escrituras no hubieran podido obtener tales ideas exclusivamente por sus propios intelectos. Ellos tuvieron que haber estado escribiendo las palabras de Dios bajo su dirección, y dan testimonio de ese hecho muchas, muchas veces a lo largo de la Biblia (más de 3800 veces solo en el Antiguo Testamento).

Por ejemplo, el salmista dijo: "La ley de Jehová es perfecta" (Sal. 19:7); "espero en tu palabra" (119:81); "Sumamente pura es tu palabra" (119:140); "Y tu ley la verdad" (119:142); "Todos tus mandamientos son verdad" (119:151); "Hace ya mucho que he entendido tus testimonios, que para siempre los has establecido" (119:152). Los profetas sabían también que estaban exponiendo las palabras de Dios, como escribió Amós: "Porque no hará nada Jehová el Señor, sin que revele su secreto a sus siervos los profetas" (Am. 3:7).

Los escritores del Nuevo Testamento escribieron con la convicción inquebrantable de que el Antiguo Testamento era la Palabra de Dios (lo citaron más de 300 veces). El apóstol Pablo dijo a los cristianos de Roma: "Porque las cosas que se escribieron antes [el Antiguo Testamento], para nuestra enseñanza se escribieron, a fin de que por la paciencia y la consolación de las Escrituras, tengamos esperanza" (Ro. 15:4). Pedro también sabía que el Antiguo Testamento fue fruto de la inspiración divina: "Porque nunca la profecía fue traída por voluntad humana, sino que santos hombres de Dios hablaron siendo inspirados por el Espíritu Santo" (2 P. 1:21). El escritor de la carta a los hebreos también lo entendió, así como Pablo, Pedro y los demás autores del Nuevo Testamento: "Dios, habiendo hablado muchas veces y de muchas maneras en otro tiempo a los padres por los profetas…" (He. 1:1).

De igual manera, los escritos de Pablo y de Pedro reconocen correctamente que las otras porciones del Nuevo Testamento, aparte de las suyas, también provenían de Dios. En un mandamiento a Timoteo (1 Ti. 5:18), Pablo atribuye implícitamente autoridad divina al Antiguo Testamento y a las palabras de Jesús en los Evangelios: "Pues la Escritura dice: No pondrás bozal al buey que trilla [Dt. 25:4]; y: Digno es el obrero de su salario [Lc. 10:7]". El apóstol sabía que no había una autoridad superior que las Escrituras para apoyar su enseñanza.

Más tarde, Pedro nos dejó una de las declaraciones más claras en la Biblia para dar fe de que las cartas de Pablo fueron inspiradas. Aunque algunos pasajes paulinos son complejos y difíciles de interpretar, Pedro se refirió con diligencia a los escritos de su compañero apóstol para respaldar sus propias enseñanzas:

> *"Y tened entendido que la paciencia de nuestro Señor es para salvación; como también nuestro amado hermano Pablo, según la sabiduría que le ha sido dada, os ha escrito, casi en todas sus epístolas, hablando en ellas de estas cosas; entre las cuales hay algunas difíciles de entender, las cuales los indoctos e inconstantes tuercen, como también las otras Escrituras, para su propia perdición" (2 P. 3:15-16).*

Esa declaración demuestra que Pedro también entendió que los escritos de Pablo tenían suma credibilidad y podían lograr el mismo objetivo que las demás partes de las Escrituras: instruir a los creyentes en el plan y en la voluntad de Dios.

Si se toman como un todo, las palabras de Pablo, de Pedro y de todos los autores del Nuevo Testamento (p. ej., el apóstol Juan, ver Ap. 19:9; 21:5), constituyen un testimonio coherente que respeta el Antiguo Testamento como parte de las Escrituras y entiende que el Nuevo es también la Palabra de Dios.

El testimonio de Jesucristo

El segundo testigo, y sin duda el más creíble, acerca de la importancia y la autenticidad de todas las Escrituras es el Señor Jesucristo. El Hijo de Dios reveló que Él era el tema central de toda la Biblia: "Escudriñad las Escrituras; porque a vosotros os parece que en ellas tenéis la vida eterna; y ellas son las que dan testimonio de mí" (Jn. 5:39). Y como el centro de atención de las Escrituras, Cristo vino a cumplir cada parte de ellas (cp. Mt. 5:17).

La forma principal en la que Jesús vino a la tierra para cumplir las Escrituras fue como el Mesías que iba a padecer, morir y resucitar de entre los muertos por su pueblo. Por lo tanto, instruyó a los dos hombres en el camino a Emaús y, después, a los otros en el aposento alto:

> *"¿No era necesario que el Cristo padeciera estas cosas, y que entrara en su gloria? Y comenzando desde Moisés, y siguiendo por todos los profetas, les declaraba en todas las Escrituras lo que de él decían… Y les dijo: Estas son las palabras que os hablé, estando aún con vosotros: que era necesario que se cumpliese todo lo que está escrito de mí en la ley de Moisés, en los profetas y en los salmos. Entonces les abrió el entendimiento, para que comprendiesen las Escrituras; y les dijo: Así está escrito, y así fue necesario que el Cristo padeciese, y resucitase de los muertos al tercer día; y que se predicase en su nombre el arrepentimiento y el perdón de pecados en todas las naciones, comenzando desde Jerusalén" (Lc. 24:26-27, 44-47; cp. Mt. 26:24, 54).*

Cuando Cristo enseñaba, siempre apoyaba de forma explícita o implícita la integridad de las Escrituras, como cuando les dijo a los judíos: "Las Escrituras no pueden ser quebrantadas" (Jn. 10:35). Quiso decir que las palabras de Dios eran verdaderas y que todo lo que el Padre había proclamado mediante los profetas del Antiguo Testamento iba a suceder. En su omnisciencia, nuestro Señor sabía que las Escrituras eran la revelación escrita de Dios y que nada en el universo podía frustrar su cumplimiento (cp. Lc. 16:17; 18:31).

El testimonio del Espíritu Santo

Como la persona de la Trinidad que estuvo involucrada en el proceso de la inspiración bíblica de principio a fin, el papel del Espíritu Santo en el testimonio de la veracidad de las Escrituras es esencialmente para confirmar el testimonio de los escritores y del Señor Jesucristo a aquellos que creen. Además, el Espíritu es el que fortalece y confirma la verdad cuando proclamamos la Palabra de Dios a quienes no están en Cristo.

De las personas con las que hablamos, ninguna creerá que la Biblia es la Palabra inspirada de Dios simplemente por el poder del intelecto humano. Así como en la regeneración (Jn. 3:5-8), el Espíritu debe obrar en sus vidas para que cambien su perspectiva respecto a las Escrituras. Esa obra soberana en el corazón y en la mente convencerá a las personas de que la Biblia proviene de Dios, que todas sus palabras son fiables y que es el principio supremo de moralidad y de verdad espiritual.

Pero a menos que los creyentes sean fieles al declarar la Palabra, el Espíritu Santo no podrá hacer su obra interna de convencer a un individuo de que debe creer y obedecer las Escrituras de corazón. Las preguntas perspicaces del apóstol Pablo en Romanos 10:14 deben desafiarnos a defender y a proclamar la verdad cada vez que tengamos la oportunidad: "¿Cómo, pues, invocarán a aquel en quien no han creído? ¿Y cómo creerán en aquel de quien no han oído? ¿Y cómo oirán sin haber quien les predique?".

Una vez que los inconversos escuchan la Palabra de Dios, sus mentes depravadas tienen la oportunidad de recibir la verdad y ser cambiados por ella. Si las personas se sienten inclinados a creer en la Palabra (a menudo, no lo están; cp. 1 Co. 1:21-24), será el resultado de un cambio sobrenatural en sus corazones. Y eso sucederá a medida que el Espíritu Santo les dé testimonio de la Palabra de Dios. Así es como Pablo explicó el papel fundamental del Espíritu en llevar a las personas no regeneradas a comprender la verdad de Dios:

> *"Pero Dios nos las reveló a nosotros [las verdades de las Escrituras] por el Espíritu; porque el Espíritu todo lo escudriña, aun lo profundo de Dios. Porque ¿quién de los hombres sabe las cosas del hombre, sino el espíritu del hombre que está en él? Así tampoco nadie conoció las cosas de Dios, sino el Espíritu de Dios. Y nosotros no hemos recibido el espíritu del mundo, sino el Espíritu que proviene de Dios, para que sepamos lo que Dios nos ha concedido, lo cual también hablamos, no con palabras enseñadas por sabiduría humana, sino con las que enseña el Espíritu, acomodando lo espiritual a lo espiritual. Pero el hombre natural no percibe las cosas que*

son del Espíritu de Dios, porque para él son locura, y no las puede entender, porque se han de discernir espiritualmente. En cambio, el espiritual juzga todas las cosas; pero él no es juzgado por nadie. Porque, ¿quién conoció la mente del Señor? ¿Quién le instruirá? Mas nosotros tenemos la mente de Cristo" (1 Co. 2:10-16).

La Biblia es una herramienta básica e indispensable para nosotros como evangelistas. Cada vez que la proclamamos y la defendemos ante alguien que está perdido, proclamamos y defendemos la verdad de Dios. "Dijo entonces Jesús a los judíos que habían creído en él: Si vosotros permaneciereis en mi palabra, seréis verdaderamente mis discípulos; y conoceréis la verdad, y la verdad os hará libres" (Jn. 8:31-32). Compare el significado de las palabras de Jesús con el resultado final de solucionar una ecuación matemática o de hacer un experimento científico. Cuando los cálculos se completan con éxito o el experimento da lugar a un nuevo descubrimiento, hay una gran sensación de libertad y alivio para el matemático o para el científico que encuentra la respuesta.

Los hombres y las mujeres buscan y luchan por encontrar la verdad en la vida, y están decididos a seguir buscándola hasta que les es revelada. Como cristianos, tenemos el privilegio de señalarles la fuente de la verdad y de la verdadera libertad espiritual: la Biblia. Cuando aceptan la Palabra de Dios por fe, verán que dice todo lo que realmente necesitan saber sobre Dios, la humanidad, la vida, la muerte, el bien y el mal, los esposos, las esposas y los hijos; es decir, todo lo necesario para resolver los problemas importantes. Pueden confiar en la Biblia porque es la Palabra viva de Dios.

6

Profecías asombrosas

En el capítulo anterior, vimos la importancia fundamental de defender y proclamar la Biblia como un libro de inspiración divina, infalible, auténtico y autoritativo. Tal dependencia en la fiabilidad de las Escrituras es, sin duda, esencial para cualquier enfoque evangelístico sólido. Sin embargo, una característica adicional de la revelación divina, que es una herramienta valiosísima para declarar la validez del cristianismo, es el cumplimiento de las profecías. Henry Morris lo explica de la siguiente manera:

> Un tipo de evidencia histórica especialmente poderoso [para la Biblia y el cristianismo] es el cumplimiento de las profecías: acontecimientos históricos escritos mucho antes de que ocurrieran. Cientos de profecías en la Biblia se han cumplido exactamente como se predijeron, a menudo, cientos de años más tarde. Este tipo de evidencia es único de la Biblia y solo puede explicarse por la inspiración divina. Dios, el Creador del tiempo, está fuera del tiempo. Él es quien controla el futuro y, por tanto, es el único que conoce el futuro.
>
> Las profecías bíblicas no son vagas ni confusas, como las de Nostradamus y otros supuestos profetas extrabíblicos. Las profecías bíblicas tienen que ver con lugares, personas y sucesos específicos, y sus cumplimientos se pueden comprobar al consultar la historia posterior. (*Science and the Bible* [La ciencia y la Biblia] [Chicago: Moody Press, 1986], p. 117).

Características de la profecía

Las Escrituras son producto del Dios que lo sabe todo. Por lo tanto, sus diversos relatos de historia preescrita se redactaron con absoluta precisión. Podemos ver esa precisión al examinar cuatro características de la profecía predictiva: su definición, su norma divina, su alcance y su carácter distintivo.

Definición de la profecía

Los hombres y las mujeres pueden tener ciertas ideas sobre el pasado basándose en el estudio de la historia. Sin embargo, las perspectivas humanas sobre el futuro son mucho más débiles. Varios indicadores nos permiten prever tendencias empresariales, políticas y sociales, y predecir el clima con una precisión cada vez mayor. Sin embargo, ningún mortal puede anunciar acontecimientos futuros con detalles exactos. Solo Dios puede hacer esa clase de predicciones, y las hizo muchas veces por medio de los profetas de las Escrituras.

La profecía predictiva genuina es una revelación de Dios, no es simplemente una suposición casi exacta ni una especulación sabia. Es una afirmación sobre un hecho histórico que se expresa por adelantado, y esto está fuera del alcance de cualquier capacidad humana. Dios le dijo al profeta Isaías: "Porque yo soy Dios, y no hay otro Dios, y nada es semejante a mí, que anuncio lo por venir desde el principio, y desde la antigüedad lo que aún no era hecho" (Is. 46:9-10). Solo el Señor es omnisciente, por lo que solo su Palabra puede predecir el futuro con absoluta precisión.

La norma divina para la profecía

Dios le dijo al profeta Jeremías en términos directos y sencillos cuál era la norma básica para la verdadera profecía: "El profeta que profetiza de paz, cuando se cumpla la palabra del profeta, será conocido como el profeta que Jehová en verdad envió" (Jer. 28:9; cp. Is. 41:21-23). El profeta que es de Dios va a predecir el futuro con total precisión.

Siglos atrás, Dios instruyó a Moisés acerca de su norma estricta para la credibilidad profética:

> *"El profeta que tuviere la presunción de hablar palabra en mi nombre, a quien yo no le haya mandado hablar, o que hablare*

en nombre de dioses ajenos, el tal profeta morirá. Y si dijeres en tu corazón: ¿Cómo conoceremos la palabra que Jehová no ha hablado? Si el profeta hablare en nombre de Jehová, y no se cumpliere lo que dijo, ni aconteciere, es palabra que Jehová no ha hablado; con presunción la habló el tal profeta; no tengas temor de él" (Dt. 18:20-22).

Si tan solo una profecía de la Biblia se apartara de la norma divina de una precisión perfecta, toda su Palabra sería susceptible a la alegación de error.

El alcance de la profecía

La Biblia tiene versículos y pasajes proféticos a través de sus páginas. Por ejemplo, la primera profecía sobre Cristo y el evangelio aparece ya en Génesis 3:15, cuando Dios le dijo a la serpiente en el huerto del Edén: "Y pondré enemistad entre ti y la mujer, y entre tu simiente y la semilla suya; ésta te herirá en la cabeza, y tú le herirás en el calcañar". La semilla de la mujer (María) era Jesucristo y la cabeza de la serpiente era Satanás. Por supuesto, el cumplimiento de esta profecía fue la muerte y la resurrección de nuestro Cristo.

Muchas otras porciones del Antiguo Testamento también son proféticas, incluyendo veinte capítulos de Isaías, diecisiete capítulos de Jeremías, nueve capítulos de Ezequiel y dos capítulos de Amós. Estas profecías son muy diversas en contenido y alcance: algunas están relacionadas con personas individuales; otras, con grupos numerosos de personas. Algunas declaraciones se dirigen a ciudades particulares; otras, a naciones enteras; y otras más, al mundo entero.

De toda la diversidad del alcance de la profecía, el centro de atención y el ejemplo supremo de su cumplimiento fue la encarnación de Jesucristo. Ese gran milagro (junto con su ministerio terrenal, muerte y resurrección) fue la consumación de todo lo que escribieron los profetas en el Antiguo Testamento. Cuando Juan el Bautista envió a algunos de sus discípulos a preguntarle a Jesús si era el Mesías prometido, el Señor les respondió aludiendo al cumplimiento en Él de la profecía mesiánica (ver Mt. 11:2-6).

El carácter distintivo de la profecía

La profecía bíblica se distingue porque a menudo iba más allá de la comprensión de los profetas humanos que la anunciaron y la escribieron. Eso se debe a que muchas profecías, puesto que provenían de una perspectiva divina, parecían muy incongruentes con las situaciones contemporáneas y poco probable que se cumplieran (p. ej., la destrucción de la poderosa Babilonia). Sin embargo, esa característica de la profecía simplemente confirma de nuevo su carácter sobrenatural: tenía que provenir del Dios omnisciente y omnipotente, no de las mentes falibles de los profetas.

Aunque los profetas predijeron muchos sucesos, a menudo no entendían de qué forma Dios iba a organizar en detalle el cumplimiento de esas profecías. Por ejemplo, 1 Pedro 1:10-11 muestra que quienes escribieron sobre el Mesías trataron de entender acerca de qué persona y tiempo escribían. No obstante, fueron instrumentos fieles al registrar las profecías absolutamente precisas e inspiradas por Dios. Dos ejemplos ilustran esta idea.

El profeta Isaías señaló que el rey Ciro de Persia liberaría a los judíos de su cautiverio, y les permitiría regresar a Jerusalén y reconstruir sus muros, lo cual hizo en el año 538 a.C.: "Que dice [Dios] de Ciro: Es mi pastor, y cumplirá todo lo que yo quiero, al decir a Jerusalén: Serás edificada; y al templo: Serás fundado" (Is. 44:28). ¡Isaías pronunció esas palabras al menos un siglo antes de que Ciro naciera!

Un profeta anónimo confrontó a Jeroboam y "clamó contra el altar por palabra de Jehová y dijo: Altar, altar, así ha dicho Jehová: He aquí que a la casa de David le nacerá un hijo llamado Josías, el cual sacrificará sobre ti a los sacerdotes de los lugares altos que queman sobre ti incienso, y sobre ti quemarán huesos de hombres" (1 R. 13:2). Trescientos años antes del nacimiento de Josías, Dios dijo que destruiría a los sacerdotes ilegítimos de los lugares altos que hacían ofrendas inapropiadas sobre el altar de Betel. Esta profecía se cumplió en 2 Reyes 23:15-20. Setecientos años antes de que Jesús naciera, el profeta Miqueas predijo que sería en Belén (5:2).

Sin duda, las principales características de la profecía predictiva afirman la fiabilidad de las Escrituras y su validez como herramienta para proclamar y defender la verdad de Dios. A veces, nuestro uso de la Biblia se pondrá a prueba y, de hecho, para la gran mayoría de cristianos verdaderos eso ya ha sucedido. Sin embargo, un examen cuidadoso e imparcial de las profecías cumplidas (como los ejemplos que se presentan en este capítulo y otros demasiado numerosos para tratar aquí) reivindicará siempre las afirmaciones de la Biblia, sobre todo la verdad de Cristo y su evangelio.

DOS PROFECÍAS ASOMBROSAS QUE SE CUMPLIERON

La fe cristiana se basa en hechos históricos reales. Jesús vivió, murió y resucitó en la historia. La Biblia tiene además muchas otras referencias a nombres, lugares y acontecimientos históricos. Muchos de ellos, como ya hemos señalado, se encuentran en el contexto de la profecía o de la historia "pre-escrita". Las Escrituras predijeron que la ciudad fenicia de Tiro dejaría de existir y así fue; anunciaron que la gran ciudad de Babilonia caería y sucedió. En ambos casos, el cumplimiento de las profecías se verificó por el registro de la historia y de la arqueología moderna.

Creo que una mirada más detenida a cada uno de los dos ejemplos mencionados nos convencerá aún más acerca de cuán increíble y poderoso instrumento es la Biblia para afirmar la verdad de Dios a quienes todavía no están convencidos o, simplemente, están mal informados.

La profecía respecto a Tiro

Tiro fue una de las ciudades más grandes y poderosas de la antigua Fenicia (el actual Líbano). Un gran muro protegía a sus ciudadanos de las invasiones por tierra, y su famosa flota naval los protegía de los ataques marítimos.

Tiro ya era una ciudad conocida y floreciente en el tiempo de Josué. Más tarde, su rey, Hiram, ofreció a David madera de cedro para construir su palacio real y le cedió artesanos para elaborar partes de la nueva estructura (1 Cr. 14:1). Del mismo modo, Hiram suministró más tarde madera de cedro a Salomón para ayudarle a construir el templo (2 Cr. 2:16).

A pesar de su importancia como el centro comercial del Mediterráneo en los tiempos del Antiguo Testamento (ver Ez. 27:3) y de su buena relación con David y Salomón, Tiro estaba entre las siete naciones a las que Dios mandó juicio mediante el profeta en Ezequiel 25:1—32:32. Los capítulos 26 al 28 hablan de las declaraciones contra Tiro, con las siguientes predicciones específicas destacadas en el capítulo 26:

- Muchas naciones invadirían Tiro, vendrían contra ella como olas de mar seguidas (vv. 3-4).
- El rey Nabucodonosor de Babilonia destruiría la parte continental de la ciudad (vv. 7-8).
- La ciudad se convertiría en una "peña lisa" (vv. 4, 14).
- Los pescadores secarían sus redes sobre esa peña (vv. 5, 14).
- Los escombros de la ciudad serían arrojados al mar (v. 12).
- Tiro nunca sería reconstruida (v. 14).

Todos estos detalles proféticos se cumplieron a la perfección en la historia. No mucho después de que Ezequiel se refiriera a Nabucodonosor, el rey de Babilonia hizo exactamente lo que se había profetizado: sitió la ciudad de Tiro en 585 a.C. Después de trece años de asediar la ciudad, los babilonios atravesaron las puertas, pero encontraron que la mayoría de los residentes había huido.

Durante el largo asedio, los ciudadanos de Tiro habían llevado todas sus posesiones a casi un kilómetro en barco a una isla fortificada en alta mar. Aunque Nabucodonosor destruyó la parte continental de la ciudad (Ez. 26:8), no obtuvo botín (29:17-20), y la nueva ciudad en alta mar continuó durante otros 250 años. Además, Ezequiel 26:12 que dice: "Pondrán tus piedras y tu madera y tu polvo en medio de las aguas", no se cumpliría por el momento. Sin embargo, se cumplió en 332 a.C. durante la campaña de Alejandro Magno para conquistar el mundo conocido. El ejército del rey griego ya había derrotado a los persas y se dirigía al sur, hacia Egipto. Cuando su ejército llegó a Fenicia, Alejandro ordenó a las ciudades que le abrieran las puertas. Sin embargo, Tiro se negó, y descansaban en la seguridad de su ubicación insular y en la fuerza de su flota.

Alejandro sabía que no contaba con un poder naval comparable al de Tiro, por lo que ordenó a sus hombres que utilizaran los escombros de la parte continental de la ciudad para construir un paso elevado de más de 60 metros de ancho que comunicara con la isla. Después de lanzar los pedazos de escombros al agua, aplanaron el material para formar un paso útil. (Para defenderse de la descarga casi constante de los misiles tirios, los griegos usaron escudos móviles mientras trabajaban). Toda la operación fue el comienzo del cumplimiento literal de Ezequiel 26:12.

Debido a la resistencia implacable de Tiro, Alejandro finalmente se dio cuenta de que iba a necesitar barcos para proteger los flancos de su ejército. Así que obligó a las ciudades ya conquistadas a que le ayudaran a terminar la campaña contra Tiro. De esta forma, se cumplieron las palabras de Dios en Ezequiel 26:3-4.

Alejandro terminó victorioso su esfuerzo de siete meses contra Tiro. Sus torres de asedio móviles de casi 50 metros de altura, junto con los refuerzos navales, montaron un asalto final devastador que derribó los muros de Tiro. Además del gran número de muertos en la guerra, se vendieron 30.000 tirios como esclavos.

Tiro nunca recuperó su prominencia y prestigio. La parte insular de la ciudad fue repoblada por un tiempo, pero los musulmanes la destruyeron en 1281 d.C. Sin embargo, como dijo la Palabra de Dios (Ez. 26:14: "Y nunca más serás edificada"), la parte continental no se ha reconstruido. Incluso los historiadores del siglo XIX señalaron que gran parte de la ciudad antigua era roca desnuda que usaban los pescadores para secar sus redes, lo cual demuestra el cumplimiento de las profecías de Ezequiel 26:4-5.

Todos los sucesos relacionados con la destrucción de Tiro demuestran que la profecía bíblica es una guía infalible para la historia. Ningún observador humano podría haber mirado por el pasillo del tiempo y anticipado la destrucción permanente de una ciudad tan poderosa como Tiro.

La profecía respecto a Babilonia

Babilonia fue una de las ciudades más grandes del mundo antiguo. Hammurabi la fundó 1800 años antes de Cristo. Sin embargo, alcanzó su apogeo de poder y prestigio bajo el dominio de Nabopolasar y de su hijo Nabucodonosor en los siglos VII y VI a.C. Fue la capital del imperio babilónico (caldeo) y se destacó por su gran riqueza y su alto nivel de cultura y educación. La ciudad era también muy avanzada a nivel comercial y tenía una arquitectura hermosa y sofisticada, muy admirada en el mundo antiguo.

Los hallazgos arqueológicos del siglo XIX ayudaron a los observadores contemporáneos a apreciar por primera vez el esplendor de la antigua Babilonia. Antes de esos descubrimientos, el sitio de la ciudad estaba tan desolado que nadie estaba seguro de su ubicación. Ahora sabemos que el río Éufrates corría por el medio y bajo los muros de Babilonia, y que la ciudad estaba en medio de una zona pantanosa.

El famoso historiador griego Heródoto, que vivió y escribió menos de un siglo después la destrucción de Babilonia, registró (*Historias* 1:181) que la ciudad ocupaba un área de 507 km^2 y estaba rodeada por un foso ancho. Estaba además protegida por una muralla de 90 km de largo, 94 m de alto y 26,5 m de ancho; y la muralla contaba con un total de 100 puertas de bronce.

Los profetas Isaías y Jeremías predijeron la destrucción de Babilonia y sus efectos secundarios en el entorno (ver Is. 13:3—14:23, especialmente 13:19-22; 14:23; Jer. 50:1—51:58, en particular, 51:26, 43). Allí, se incluyen datos específicos sobre las ruinas de Babilonia que se corroboraron después: determinados animales estarían allí, los árabes no armarían sus tiendas en ese sitio, y el lugar quedaría desolado y deshabitado.

Heródoto (*Historias* 1:190-192) informó acerca de los factores políticos y militares que incidieron en la destrucción de Babilonia. Como era prestigiosa y de importancia estratégica, los persas codiciaban el control de Babilonia. Sin embargo, comprendieron que, en las condiciones existentes, no podrían vencer una ciudad tan bien fortificada. Por lo tanto, los persas calcularon que el lecho del río Éufrates era suficientemente profundo y amplio para permitir que sus soldados marcharan a través de él. Así que los generales ordenaron a las tropas que desviaran el agua por medio de grandes canales. Al excavarlos, vaciaron el lecho del río, lo cual permitió que el ejército persa marchara a través del lecho seco y tomara la ciudad por asalto.

Los líderes de Babilonia se sentían tan seguros detrás de las murallas de la ciudad que organizaron una noche de fiesta mientras los persas atacaban. El libro de Daniel presenta con detalle cómo fue esa fiesta y nos muestra la perspectiva de Dios acerca de la inmoralidad, la idolatría y la pecaminosidad general que produjo la caída de Babilonia. Así lo describe el profeta:

> *"El rey Belsasar les hizo un gran banquete a mil de sus príncipes, y en presencia de los mil bebía vino. Belsasar, con el gusto del vino, mandó que trajesen los vasos de oro y de plata que Nabucodonosor su padre había traído del templo de Jerusalén, para que bebiesen en ellos el rey y sus grandes, sus mujeres y sus concubinas. Entonces fueron traídos los vasos de oro que habían traído del templo de la casa de Dios que estaba en Jerusalén, y bebieron en ellos el rey y sus príncipes, sus mujeres y sus concubinas. Bebieron vino, y alabaron a los dioses de oro y de plata, de bronce, de hierro, de madera y de piedra. En aquella misma hora aparecieron los dedos de una mano de hombre, que escribía delante del candelero sobre lo encalado de la pared del palacio real, y el rey veía la mano que escribía. Entonces el rey palideció, y sus pensamientos lo turbaron, y se debilitaron sus lomos, y sus rodillas daban la una contra la otra. El rey gritó en alta voz que hiciesen venir magos, caldeos y adivinos; y dijo el rey a los sabios de Babilonia: Cualquiera que lea esta escritura y me muestre su interpretación, será vestido de púrpura, y un collar de oro*

llevará en su cuello, y será el tercer señor en el reino. Entonces fueron introducidos todos los sabios del rey, pero no pudieron leer la escritura ni mostrar al rey su interpretación. Entonces el rey Belsasar se turbó sobremanera, y palideció, y sus príncipes estaban perplejos. La reina, por las palabras del rey y de sus príncipes, entró a la sala del banquete, y dijo: Rey, vive para siempre; no te turben tus pensamientos, ni palidezca tu rostro. En tu reino hay un hombre en el cual mora el espíritu de los dioses santos, y en los días de tu padre se halló en él luz e inteligencia y sabiduría, como sabiduría de los dioses; al que el rey Nabucodonosor tu padre, oh rey, constituyó jefe sobre todos los magos, astrólogos, caldeos y adivinos, por cuanto fue hallado en él mayor espíritu y ciencia y entendimiento, para interpretar sueños y descifrar enigmas y resolver dudas; esto es, en Daniel, al cual el rey puso por nombre Belsasar. Llámese, pues, ahora a Daniel, y él te dará la interpretación… Entonces Daniel respondió y dijo delante del rey: Tus dones sean para ti, y da tus recompensas a otros. Leeré la escritura al rey, y le daré la interpretación. El Altísimo Dios, oh rey, dio a Nabucodonosor tu padre el reino y la grandeza, la gloria y la majestad. Y por la grandeza que le dio, todos los pueblos, naciones y lenguas temblaban y temían delante de él. A quien quería mataba, y a quien quería daba vida; engrandecía a quien quería, y a quien quería humillaba. Mas cuando su corazón se ensoberbeció, y su espíritu se endureció en su orgullo, fue depuesto del trono de su reino, y despojado de su gloria. Y fue echado de entre los hijos de los hombres, y su mente se hizo semejante a la de las bestias, y con los asnos monteses fue su morada. Hierba le hicieron comer como a buey, y su cuerpo fue mojado con el rocío del cielo, hasta que reconoció que el Altísimo Dios tiene dominio sobre el reino de los hombres, y que pone sobre él al que le place. Y tú, su hijo Belsasar, no has humillado tu corazón, sabiendo todo esto; sino que contra el Señor del cielo te has ensoberbecido, e hiciste traer delante de ti los vasos de su casa, y tú y tus grandes, tus mujeres y tus concubinas, bebisteis vino en ellos; además de esto, diste alabanza a dioses de plata y oro, de bronce, de hierro, de madera y de piedra, que ni ven, ni oyen, ni saben; y al Dios en cuya mano está tu vida, y cuyos son todos tus caminos, nunca honraste. Entonces de su presencia fue enviada la mano que trazó esta escritura. Y la escritura que trazó es: MENE, MENE, TEKEL, UPARSIN. Esta es la interpretación del asunto: MENE: Contó Dios tu reino, y le ha puesto fin. TEKEL: Pesado has sido en balanza, y fuiste hallado falto. PERES: Tu reino ha sido roto, y dado a los medos y a los persas. Entonces mandó Belsasar vestir a Daniel de púrpura, y poner en su cuello un collar de oro, y proclamar que él era el tercer señor del reino. La misma noche fue muerto Belsasar rey de los caldeos. Y Darío de Media tomó el reino, siendo de sesenta y dos años" (Dn. 5:1-12; 17-31).

Estos acontecimientos memorables ocurrieron alrededor del 539 a.C. Hoy, las ruinas de Babilonia, azotadas por el viento, yacen a 72 km al sur de Bagdad. El arqueólogo Kerman Kilprect comentó en *Explorations in Bible Lands in the Nineteenth Century* [Exploraciones en las tierras bíblicas durante el siglo XIX]: "¡Qué contraste entre la civilización antigua y la degradación moderna! La selva [el terreno de la antigua Babilonia] está plagado de animales salvajes, jabalíes, hienas, chacales, lobos y a veces, leones" (citado en George Davis, *Bible Prophecies Fulfilled Today* [El cumplimiento de las profecías bíblicas hoy] [Filadelfia: Million Testaments Campaign, 1955], pp. 78-79). Eso es precisamente lo que Isaías profetizó en 13:19-22 y 14:23. Ahora, la zona es tan inhóspita y desolada (la mayor parte de la región está enterrada bajo una gruesa capa de cieno) que los beduinos no viven allí. La vegetación no crece porque el suelo es muy pobre.

Peter Stoner, un especialista en estadísticas, al comentar sobre la predicción de Jeremías "Nadie tomará de ti piedra para esquina" (51:26), señaló que "las rocas que fueron llevadas a Babilonia a un costo tan grande nunca se han movido" (*Science Speaks: An Evaluation of Certain Christian Evidences* [La ciencia habla:

Consideraciones de ciertas evidencias cristianas] [Chicago: Moody Press, 1963], p. 94). El profeta dijo también que los hombres no pasarían por las ruinas de Babilonia (51:43), y en la actualidad no hay carretera que lleve allí, y pocas personas visitan el lugar.

La probabilidad de que todas estas profecías sobre Babilonia se cumplieran solo por casualidad o por coincidencia es aproximadamente de uno entre cinco mil millones, lo que esencialmente equivale a *ninguna* posibilidad (Stoner, *Science Speaks* [La ciencia habla], p. 95). Dios destruyó la ciudad y los efectos permanecen hasta hoy, tal como indican las profecías asombrosas del Antiguo Testamento.

Solo un Dios todopoderoso, omnisciente y soberano pudo hablar mediante los profetas de las Escrituras sobre los acontecimientos mucho antes de que ocurrieran y tener la confianza absoluta de que sus palabras eran completamente precisas y que se cumplirían a cabalidad. La asombrosa precisión de las profecías cumplidas confirma la fiabilidad y el carácter sobrenatural de la Biblia. Si hubiera tan solo una o dos declaraciones proféticas erróneas, minarían la verdad de la Palabra de Dios y arruinarían el testimonio de los creyentes ante un mundo incrédulo.

Así como podemos confiar en las profecías asombrosas que hemos estudiado en este capítulo (y en muchas otras de las Escrituras que podríamos haber tratado), también podemos confiar en las declaraciones del Señor sobre *todas* las doctrinas fundamentales. La Biblia dice que Dios creó los cielos y la tierra en seis días, y así fue. Dice que Jesús es el Hijo de Dios, y lo es. Y por último, su Palabra dice que la salvación viene solo por la fe en la muerte sustitutiva de Cristo en la cruz, y así es. Las profecías cumplidas son realmente una herramienta poderosa que podemos usar para dar a conocer el evangelio.

7

La realidad del pecado

J. Wilbur Chapman, conocido evangelista del siglo XIX y director de conferencias bíblicas, solía contar la historia de un destacado predicador australiano que habló en una ocasión con gran energía sobre el tema del pecado. Después del culto, uno de los líderes de la iglesia se le acercó y lo reprendió:

—Doctor Howard, no queremos que hable de forma tan abierta acerca de la corrupción del hombre porque, si nuestros niños y niñas lo escuchan hablar de ese tema, se volverán pecadores con más facilidad. Llámelo "error" si quiere, pero no hable tan claramente sobre el pecado.

El pastor tomó una botella pequeña de un armario y se la mostró al hombre.

—¿Ve esta etiqueta? —le preguntó al hombre—. Dice *estricnina* y en la parte inferior está la palabra *veneno* en letras mayúsculas de color rojo. ¿Sabe usted lo que me está pidiendo que haga? Me está sugiriendo que cambie la etiqueta. Supongamos que lo hago y le pego encima las palabras *esencia de menta*. ¿Sabe lo que podría suceder? Si alguien lo usa sin saber el peligro que corre, morirá. Lo mismo sucede con el tema del pecado: cuanto más moderada sea la etiqueta, más peligroso es el veneno.

Esta historia ilustra muy bien la seria tarea que tenemos todos los testigos de Jesucristo. Si vamos a ser testigos y evangelistas fieles y diligentes, debemos proclamar y defender incluso las doctrinas desagradables de las Escrituras. Significa que no podemos dejar de lado la doctrina del pecado del hombre, ni atenuar sus peligros espirituales. Antes bien, debemos hablar sobre el tema de acuerdo con la Palabra de Dios.

Crisóstomo, uno de los padres de la iglesia (347-407 d. C.), dijo: "No temo más que una cosa: el pecado". ¡Eso es justamente lo que siento! No tengo miedo a nada en el mundo ni en la iglesia, excepto al pecado. De hecho, los cristianos deberían sentir lo mismo debido a las consecuencias terribles que produce el pecado. Es el mayor problema que enfrenta la humanidad, la peor plaga que nos maldice a todos. Como resultado del pecado, el mundo tiene guerras entre naciones, conflictos entre individuos y grupos, miedo y ansiedad, enfermedad y muerte, y todo tipo de desastres producidos por la naturaleza y por el hombre.

Génesis 3 y 4 dicen que la maldición del pecado después de la caída rompió tres relaciones básicas. Primero, los hombres y las mujeres quedaron separados de Dios cuando quedaron sujetos a la muerte espiritual (Gn. 3:6-13; cp. 2:17). Segundo, entraron en conflicto con la naturaleza. Desde entonces, se opone al intento de los hombres por cultivarla y controlarla (Gn. 3:17-19). Tercero, las personas se separaron unas de otras porque el pecado trajo envidia y contiendas al mundo, como se ejemplificó con el conflicto entre Caín y Abel (Gn. 4:3-15). Todos los que mueren, sin importar la causa, mueren como víctimas del pecado. Romanos 6:23 dice: "Porque la paga del pecado es muerte". Por lo tanto, todo ser humano está sujeto al temible poder del pecado.

DEFINICIÓN DEL PECADO

Es necesario definir algo tan grave como el pecado para que las personas puedan entenderlo y saber por qué deben liberarse de ello. La definición es sencilla: "el pecado es infracción de la ley" (1 Jn. 3:4). La construcción griega de esta frase hace que los conceptos "pecado" e "infracción de la ley" sean idénticos. Literalmente, dice que todo aquel que peca está haciendo algo ilegal. Practicar el pecado es vivir como si no hubiera Dios ni ley. Es vivir de forma arrogante bajo las reglas que uno mismo establece, sin sujetarse a los principios de Dios.

Las Escrituras también presentan otras definiciones del pecado. Una de ellas es "injusticia", como dice 1 Juan 5:17: "Toda injusticia es pecado". Otra es "no hacer el bien": "Al que sabe hacer lo bueno, y no lo hace, le es pecado" (Stg. 4:17). Y por último, el apóstol Pablo lo define como "falta de fe": "Lo que no proviene de fe, es pecado" (Ro. 14:23).

Sin embargo, es mejor identificar el pecado como un equivalente de "infracción de la ley": ignorar la ley de Dios y salirse de los límites que Él estableció para nosotros. La humanidad es como un caballo en medio de pastos abundantes que salta la cerca que lo rodea y cae al otro lado en un lodazal. Del mismo modo, las personas están expuestas a la ley perfecta y santa de Dios, pero quieren huir. Por lo tanto, saltan la valla de la ley divina y caen en el fango del pecado.

Dios ha revelado su ley en las Escrituras y la ha escrito en el corazón del hombre: "Porque cuando los gentiles que no tienen ley, hacen por naturaleza lo que es de la ley, éstos, aunque no tengan ley, son ley para sí mismos, mostrando la obra de la ley escrita en sus corazones, dando testimonio su conciencia, y acusándoles o defendiéndoles sus razonamientos" (Ro. 2:14-15). Ya que la ley de Dios es santa, justa y buena (Ro. 7:12), es ilógico incumplirla y perderse las bendiciones que trae la obediencia. Sin embargo, los hombres y las mujeres, debido a su pecado, quebrantan la ley divina y, a menudo, tratan de vivir tan alejados de ella como sea posible.

CARACTERÍSTICAS DEL PECADO

La Biblia explica de forma detallada las principales características del pecado. Para los cuatro rasgos que aparecen a continuación, los autores de las Escrituras utilizan términos tan descriptivos y analogías tan claras que no es difícil reconocer lo que el pecado conlleva.

La contaminación del pecado

El pecado no es solo desobedecer la ley de Dios, sino también corromper o contaminar la norma divina. Es para el alma lo que las cicatrices son para una cara hermosa, lo que es una mancha oscura para una prenda de seda blanca, o lo que es el hollín negro para un cielo azul claro. El pecado hace que el alma de la persona se vuelva roja con la culpa y la maldad. Al usar terminología cruda del mundo humano y físico, el Antiguo Testamento imprime de forma indeleble en nuestras mentes cómo es la naturaleza horrible de la contaminación del pecado.

El profeta Isaías capta muy vívidamente cuánto contamina el pecado ante los ojos de Dios: "Entonces profanarás la cubierta de tus esculturas de plata, y la vestidura de tus imágenes fundidas de oro; las apartarás como trapo asqueroso" (Is. 30:22). Isaías compara el pecado de idolatría con los trapos empapados de sangre que usaban las mujeres durante su período menstrual.

El escritor de 1 Reyes compara el pecado del corazón de un individuo con una plaga mortal: "Cuando cualquiera sintiere la plaga en su corazón" (8:38). El profeta Zacarías utiliza la figura de "ropas sucias" del sumo sacerdote Josué para describir la contaminación del pecado (Zac. 3:3, NVI).

Ezequiel indica que la contaminación del pecado es tan grande que cuando una persona arrepentida ve su pecado, empezará a odiarse a sí misma: "Y allí os acordaréis de vuestros caminos, y de todos vuestros hechos en que os contaminasteis; y os aborreceréis a vosotros mismos a causa de todos vuestros pecados que cometisteis" (Ez. 20:43).

La impresión general que la Biblia da del pecado es que es vil, horrible y asqueroso, que contamina todo lo puro. El apóstol Pablo utiliza las siguientes palabras para exhortar a los creyentes a que limpien sus vidas de los efectos terribles del pecado: "Limpiémonos de toda contaminación de carne y de espíritu, perfeccionando la santidad en el temor de Dios" (2 Co. 7:1).

La rebelión del pecado

El pecado implica también rebelión contra Dios. Las Escrituras describen a quienes se rebelan como personas que no obedecen a Dios y lo desafían (Lv. 26:27, LBLA). Si los pecadores se salieran con la suya, llegarían al extremo de derrocar a Dios, justo lo que Satanás trató de hacer (cp. Is. 14:12-21).

La rebelión del pecado implica también que los pecadores pisotean la ley divina y son una afrenta para Dios. En cierto sentido, abofetean su cara (que es lo que los soldados hicieron realmente con Jesús en su juicio). Hebreos 10:29 indica cuán fuerte es el desagrado de Dios hacia quienes contemplan la verdad y después la rechazan de forma pecaminosa: "¿Cuánto mayor castigo pensáis que merecerá el que pisoteare al Hijo de Dios, y tuviere por inmunda la sangre del pacto en la cual fue santificado, e hiciere afrenta al Espíritu de gracia?".

El pecado es nada menos que una rebelión abierta y flagrante contra Dios y su Palabra. Quienes practican el pecado están diciendo básicamente: "¡Haremos exactamente lo que queremos!".

La ingratitud del pecado

Dios creó a los hombres y a las mujeres para alabarle y glorificarle para siempre. Este propósito es más elevado que cualquiera que ellos podrían imaginarse. Cada persona debe su existencia y todo lo que tiene a Dios (Hch. 17:28), aunque hay muchas personas que viven cada día en la ingratitud absoluta.

Si experimentamos alegría en la vida cotidiana es porque Dios nos la ha dado. Todo lo bueno que los hombres y las mujeres son y tienen es el resultado de la gracia misericordiosa que Él nos ha revelado a todos (Ro. 1:19-20). Jesús dijo a sus discípulos en el sermón del monte: "Vuestro Padre... hace salir su sol sobre malos y buenos, y hace llover sobre justos e injustos" (Mt. 5:45). Dios ha provisto todo el alimento, el refugio y la ropa que disfrutan los incrédulos. Él ha dado a los hombres sus sentidos para que puedan apreciar un mundo de color y resplandor, los sonidos de la música y de la risa, el aroma de la buena comida, la fragancia de las flores frescas y otros beneficios que hacen que valga la pena vivir. Dios nos da también las emociones y el intelecto para pensar, sentir, trabajar, jugar e interactuar con otras personas con el fin de tener vidas productivas y útiles. Sin embargo, a pesar de todas estas misericordias, los hombres y las mujeres se rebelan contra la ley de Dios y viven con una ingratitud evidente hacia todo lo que Él les ha dado.

A menudo, los incrédulos se sacian de la gracia común de Dios, aceptando de forma egoísta las cosas buenas que ofrece la vida y, no obstante, apartándose de Él para servir a Satanás. Tal ingratitud se ve en Absalón que, después de que su padre David lo besara y lo abrazara, él salió e hizo un complot para traicionar a su padre (ver 2 S. 15:7—17:4). El pecado es una ingratitud tan grave que busca destronar y destruir a Dios, la fuente de todo lo bueno. Incluso, las personas corrompen y pervierten los privilegios por los que deberían estar más agradecidos —un nivel de vida confortable, placeres maritales y relaciones familiares—, y de esta manera deshonran a Dios.

La incurabilidad del pecado

Con el pecado, el hombre tiene una enfermedad espiritual horrible, invasiva e incurable que no puede ser vencida por medios humanos (cp. Jer. 13:23). Isaías describió la naturaleza del pecado de Israel comparándolo con una serie de dolencias físicas:

> *"¡Oh gente pecadora, pueblo cargado de maldad, generación de malignos, hijos depravados! Dejaron a Jehová, provocaron a ira al Santo de Israel, se volvieron atrás. ¿Por qué querréis ser castigados aún? ¿Todavía os rebelaréis? Toda cabeza está enferma, y todo corazón doliente. Desde la planta del pie hasta la cabeza no hay en él cosa sana, sino herida, hinchazón y podrida llaga; no están curadas, ni vendadas, ni suavizadas con aceite" (Is. 1:4-6).*

Los hombres y las mujeres no pueden curar por sus propios medios el pecado que tienen dentro de ellos, puesto que sus mentes y sus conciencias están corrompidas y son depravadas (cp. Ro. 1:24-32; Tit. 1:15). El puritano John Flavel escribió: "Todas las lágrimas de un pecador arrepentido, aunque sean tantas como todas las gotas de lluvia que han caído desde la creación, ¡no pueden lavar el pecado! Las llamas eternas del infierno no pueden purificar la conciencia ardiente eliminando el pecado más pequeño". Simplemente, no hay remedio humano para el problema del pecado. No se puede curar por actos de la voluntad humana, ni por ningún programa de reforma moral ni educativa, ni por ningún proyecto de ley, ni por ningún esfuerzo terapéutico ni de asesoría humana, ni por ninguna obra de justicia propia.

El pecado es una enfermedad terminal que está profundamente arraigada y que solo puede curarse por la obra sanadora del Gran Médico. El escritor de Hebreos habla sobre el contraste entre los remedios insuficientes para tratar el pecado y la solución perfecta de Dios mediante Jesucristo: "Y ciertamente todo sacerdote está día tras día ministrando y ofreciendo muchas veces los mismos sacrificios, que nunca pueden quitar los pecados; pero Cristo, habiendo ofrecido una vez y para siempre un solo sacrificio por los pecados, se ha sentado a la diestra de Dios, de ahí en adelante esperando hasta que sus enemigos sean puestos por estrado de sus pies; porque con una sola ofrenda hizo perfectos para siempre a los santificados" (10:11-14; cp. 9:11-14).

A pesar de todo el dolor que causa el pecado, es increíble ver cuánto se esfuerzan muchas personas no salvas por practicarlo (cp. Sal. 7:14; Pr. 4:16; Jer. 9:5; Ez. 24:12). Les da cierta sensación de goce temporal, pero al final los conduce al dolor, a la muerte y al infierno eterno. Estas personas pueden trabajar duro en pecar, pero podemos ofrecerles la promesa de Jesús de alivio: "Venid a mí todos los que estáis trabajados y cargados, y yo os haré descansar" (Mt. 11:28). Las personas necesitan alivio de las características malignas del pecado, y ese alivio solo puede venir por medio de la obra de Cristo.

EL ALCANCE DEL PECADO

La carta a los romanos dice claramente que el alcance del pecado es universal. Unos pocos versículos lo expresan con suma claridad: "¿Qué, pues? ¿Somos nosotros mejores que ellos? En ninguna manera; pues ya hemos acusado a judíos y a gentiles, que todos están bajo pecado. Como está escrito: No hay justo, ni aun uno; no hay quien entienda, no hay quien busque a Dios. Todos se desviaron, a una se hicieron inútiles; no hay quien haga lo bueno, no hay ni siquiera uno" (3:9-12). "Por cuanto todos pecaron, y están destituidos de la gloria de Dios" (3:23). "Por tanto, como el pecado entró en el mundo por un hombre [Adán], y por el pecado la muerte, así la muerte pasó a todos los hombres, por cuanto todos pecaron" (5:12).

Ese último versículo nos dice que no solo la culpa del pecado de Adán fue imputada a cada persona, sino que la depravación y la corrupción de su naturaleza fue también transmitida a todo ser humano. Es similar a la transmisión del agua contaminada: el veneno va desde el manantial hasta el pozo y pasa a las personas que la beben. Los teólogos llaman a esta realidad el *pecado original.*

Cuando entramos en este mundo, ya somos pecadores. El pecado está en nuestra naturaleza, en el tejido de nuestra vida (cp. Sal. 51:5). Puesto que todos somos descendientes de Adán, llevamos su corrupción. Su pecado se pega a cada uno de nosotros, así como la lepra de Naamán se le pegó a Giezi (2 R. 5:27). Y nosotros que somos creyentes sabemos por experiencia que, incluso después de ser salvos, la naturaleza arraigada del pecado aún está presente. Por lo tanto, luchamos al igual que el apóstol Pablo, quien escribió: "Porque no hago el bien que quiero, sino el mal que no quiero, eso hago… pero veo otra ley en mis miembros, que se rebela contra la ley de mi mente, y que me lleva cautivo a la ley del pecado que está en mis miembros" (Ro. 7:19, 23).

El escritor de la carta a los hebreos, dirigida a creyentes judíos, entendió sin duda el principio del cual Pablo hablaba: "Por tanto, nosotros también… despojémonos de todo peso y del pecado que nos asedia, y corramos con paciencia la carrera que tenemos por delante" (12:1). ¿Por qué nos enredamos tan fácilmente con el pecado? Porque, sin excepción, forma parte de nuestra naturaleza; ninguno de nosotros se escapa.

LOS RESULTADOS DEL PECADO

Las Escrituras contienen muchas enseñanzas sobre los resultados dominantes del pecado en las vidas de las personas. El pecado controla la mente, la voluntad, los sentimientos y, en última instancia, a toda la persona. La maldad domina las mentes de los incrédulos (Jer. 17:9; Ef. 4:17-19) y, por causa del pecado, no pueden entender la verdad espiritual (1 Co. 2:14).

El pecado no solo controla lo que piensan las personas, sino también lo que deciden hacer y lo que llegan a amar. Jeremías 44:16-17 es un ejemplo poco conocido acerca de cómo el pecado puede hacer que rechacen deliberadamente las palabras de Dios. Los judíos en Egipto no querían saber nada del mensaje del profeta: "La palabra que nos has hablado en nombre de Jehová, no la oiremos de ti; sino que ciertamente pondremos por obra toda palabra que ha salido de nuestra boca".

El apóstol Juan hizo tal vez la declaración más definitiva sobre el efecto dominante del pecado sobre los sentimientos de los hombres y de las mujeres. Incluso los creyentes pueden amar las cosas equivocadas o amar las cosas de forma incorrecta: "No améis al mundo, ni las cosas que están en el mundo. Si alguno ama al mundo, el amor del Padre no está en él. Porque todo lo que hay en el mundo, los deseos de la carne, los deseos de los ojos, y la vanagloria de la vida, no proviene del Padre, sino del mundo" (1 Jn. 2:15-16). El Evangelio de Juan registró las palabras de Jesús en cuanto al dominio completo del pecado sobre los corazones de quienes no han sido regenerados: "Y esta es la condenación: que la luz vino al mundo, y los hombres amaron más las tinieblas que la luz, porque sus obras eran malas" (Jn. 3:19).

Implícito en tal dominio por el pecado es que todas las personas están también bajo el control de Satanás hasta que llegan a Cristo: "Y él os dio vida a vosotros, cuando estabais muertos en vuestros delitos y pecados, en los cuales anduvisteis en otro tiempo, siguiendo la corriente de este mundo, conforme al príncipe de la potestad del aire [Satanás], el espíritu que ahora opera en los hijos de desobediencia" (Ef. 2:1-2). Bajo el dominio de Satanás, no hay libertad, sino esclavitud (cp. Jn. 8:44; Ro. 6:16, 1 Jn. 5:19).

El apóstol Pablo continúa en Efesios 2 identificando a aquellos controlados por su propia naturaleza de pecado como "hijos de ira" (v. 3). Eso hace que sean los objetivos ideales para el juicio de Dios, los objetos de la ira de un Dios que odia el pecado: "El que rehúsa creer en el Hijo no verá la vida, sino que la ira de Dios está sobre él" (Jn. 3:36; cp. 1 Co. 16:22; Gá. 3:10).

Los pecadores que viven bajo la ira de Dios se parecen mucho a Damocles que, según una vieja leyenda, se sentó a comer en la mesa de un banquete donde había una espada suspendida por un hilo delgado sobre su cabeza. A pesar del peligro inmediato, Damocles siguió comiendo. Del mismo modo, la espada de la ira de Dios cuelga sobre la cabeza de los incrédulos, y, no obstante, muchos van por la vida comiendo, bebiendo y divirtiéndose, ajenos a su necesidad espiritual. Esta situación debe llevarnos a proclamar, en el espíritu de Juan el Bautista, la única salvación de la ira divina: el evangelio (Mt. 3:7-12 y Lc. 3:7-9; cp. 1 Ts. 1:10).

Como si no fuera suficientemente malo que la caída del hombre lo sometiera a muchos sufrimientos y penurias a él y a toda la creación (Gn. 3:8-24; Job 5:7; Ec. 1:2; Ro. 8:18-22), el resultado del pecado más devastador es que puede condenar el alma al castigo eterno en el infierno y separarla de Dios. El apóstol Juan vio una visión increíblemente aterradora del juicio del gran trono blanco y de lo que será el destino eterno de los que mueren sin arrepentirse de sus pecados:

> *"Y vi un gran trono blanco y al que estaba sentado en él, de delante del cual huyeron la tierra y el cielo, y ningún lugar se encontró para ellos. Y vi a los muertos, grandes y pequeños, de pie ante Dios; y los libros fueron abiertos, y otro libro fue abierto, el cual es el libro de la vida; y fueron juzgados los muertos por las cosas que estaban escritas en los libros, según sus obras. Y el mar entregó los muertos que había en él; y la muerte y el Hades entregaron los muertos que había en ellos; y fueron juzgados cada uno según sus obras. Y la muerte y el Hades fueron lanzados al lago de fuego. Esta es la muerte segunda. Y el que no se halló inscrito en el libro de la vida fue lanzado al lago de fuego" (Ap. 20:11-15).*

Millones de personas mueren cada año y decenas de miles, cada día. Hay más de seis mil millones de personas en el mundo y todas morirán, tarde o temprano. La tasa mundial de natalidad se mantiene un poco superior a la tasa de mortalidad, así que cada persona no solo está en el proceso de morir, sino que, constantemente, nacen otras más para morir. Y la triste realidad es que todos morirán en sus pecados, a menos que se arrepientan y crean en el evangelio. El infierno espera a sus víctimas.

El clérigo Henry Van Dyke escribió: "Recuerde que lo que posee en este mundo se encontrará el día de su muerte y pertenecerá a otra persona. Sin embargo, lo que usted es, será suyo para siempre". Sin duda, podemos emplear esta idea para describir el estado espiritual de alguien en el momento de su muerte y afirmar que, si él o ella permanece en el pecado, será condenado al infierno. Charles Spurgeon lo expresó muy gráficamente: "Muchos de ustedes se balancean sobre las fauces del infierno sobre un tablón solitario, y ese tablón está podrido". De esta manera, vemos el resultado final y más mortal de la maldad del pecado: la condenación eterna.

Después de examinar brevemente la definición del pecado, sus características principales, su alcance universal y sus resultados negativos, queda una pregunta final que debemos hacerles a quienes aún están atrapados en sus pecados: ¿Qué puede hacer usted respecto a su pecado? La respuesta se encuentra en Romanos 6:23: "Porque la paga del pecado es muerte, mas la dádiva de Dios es vida eterna en Cristo Jesús Señor nuestro".

En este versículo, el apóstol Pablo expresa dos verdades absolutas. Primero, nos recuerda de nuevo que la muerte espiritual es el resultado del pecado. Es el destino que le corresponde a todo aquel que vive al margen de Dios. Segundo, el versículo nos dice en una declaración concisa el remedio para los efectos del pecado: la salvación concedida de forma gratuita a través de Jesucristo (cp. Ef. 2:8-9). Si alguien quiere lo que se merece (muerte eterna), Dios se lo dará; pero si anhela lo que ha escuchado en el evangelio (vida eterna), Dios se lo concederá gratuitamente basado en la fe en la obra expiatoria de Cristo. Cuando el Hijo de Dios murió en la cruz, pagó el castigo por el pecado. Ahora, ofrece el perdón de los pecados a todos los que creen.

La única felicidad verdadera que podemos ofrecer a cualquier pecador es la que viene como resultado de saber que sus pecados son perdonados: "Bienaventurados aquellos cuyas iniquidades son perdonadas, y cuyos pecados son cubiertos. Bienaventurado el varón a quien el Señor no inculpa de pecado" (Ro. 4:7-8; cp. Sal. 32:1-2). Ese es el *único* remedio para el pecado y la fuente *verdadera* de bendición espiritual que debemos proclamar y defender ante un mundo perdido.

8

El nacimiento virginal y la deidad de Jesucristo

El siglo XX produjo algunos nacimientos realmente asombrosos. Los más recordados establecieron el récord de nacimientos múltiples, como los quintillizos Dionne (Canadá) en la década de 1930; los quintillizos Fischer (Dakota del Sur) en la década de 1960, los sextillizos Dilley (Indiana) en la década de 1990 y los septillizos McCaughey (Iowa) en 1997. Los McCaughey tuvieron siete hijos gracias a medicamentos modernos para la fertilidad, pero este hecho no disminuyó el extraordinario interés periodístico de esos nacimientos. Y nos quedamos de nuevo asombrados en 1998, cuando una mujer en Texas dio a luz a ocho hijos, aunque ella también se sometió a tratamientos de fertilidad.

También hubo el nacimiento verdaderamente excepcional de Louise Brown en Inglaterra —la primera "bebé de probeta"— en el verano de 1978. Fue la primera vez que Dios permitió que naciera un bebé concebido fuera del útero materno. Después de más de una década de investigación, científicos y médicos fueron capaces de obtener un óvulo de la madre, fertilizarlo en un laboratorio con el esperma del padre, colocarlo de nuevo en el útero de la madre y dejar que se convirtiera en una criatura durante el período de gestación normal. Esa fue una noticia increíble hace una generación, pero hoy se ha convertido en algo común.

Pero si quiere conocer nacimientos realmente milagrosos, debe recurrir a la historia bíblica. Isaac, el patriarca de la comunidad redimida de Israel, nació de Abraham y Sara cuando tenían más de 90 años, y estaban por encima de la edad reproductiva normal (cp. Gn. 18:9-14; 21:1-2).

Sansón, un hombre con fuerza sobrenatural, nació de Manoa y de su esposa estéril, tal como les dijo el ángel del Señor (Jue. 13:2-5, 24). Aunque nació de forma natural, Dios lo capacitó para hacer grandes hazañas de valor y fuerza como uno de los últimos jueces de Israel.

Y Samuel (el juez, profeta y sacerdote que ungió a reyes) fue el hijo de Ana, una mujer que había sido estéril. Su nacimiento fue el resultado directo de las oraciones humildes y devotas de su madre, y de la intervención del Señor (1 S. 1:11, 19-20).

Por último, en el Nuevo Testamento, Juan el Bautista nació de Zacarías y de la estéril Elisabet, una pareja entre sesenta y ochenta años que nunca había podido tener hijos (Lc. 1:5-17). Juan, a quien Jesús llamó el hombre más grande que haya nacido, estaba lleno del Espíritu Santo y fue el precursor del Mesías.

Así, pues, la historia nos informa de una serie de nacimientos naturales asombrosos. Algunos en nuestro tiempo fueron ayudados por los avances científicos, mientras que los que se mencionan en los tiempos bíblicos fueron el resultado de la intervención sobrenatural de Dios. Si bien los sucesos que rodearon esos nacimientos fueron verdaderamente increíbles, ninguno se puede comparar con el nacimiento virginal de Jesucristo, el Dios-hombre. Ninguno se puede equiparar a la demostración divina en su concepción y nacimiento.

EL FUNDAMENTO DE LA DEIDAD DE CRISTO: SU NACIMIENTO VIRGINAL

Durante más de treinta años de predicar y enseñar la Biblia, las personas me hacen esta pregunta con frecuencia: Para ser de verdad salvo, ¿es esencial creer que Jesús fue concebido por obra del Espíritu Santo en una virgen? Siempre les respondo que sí. Para ser salvos, deben creer en el Cristo verdadero, el Dios-hombre, y que esa verdad se origina en la doctrina de la concepción y el nacimiento virginal. Esta es una verdad que usted y yo debemos afirmar al proclamar el evangelio a los perdidos.

La concepción virginal y el nacimiento del Señor Jesucristo es un acontecimiento único, y es absolutamente fundamental para la teología cristiana, que dice que el Salvador es Hijo de Dios e Hijo del Hombre. Tuvo que nacer de Dios para ser divino y de una mujer (María) para ser humano, por lo que la concepción virginal se ha mantenido como una doctrina fundamental desde la fundación de la Iglesia. El respetado teólogo y comentarista bíblico F. F. Bruce escribió:

> La confesión de la Iglesia, tal y como se remonta en los primeros tiempos, establece, junto con la encarnación de nuestro Señor, la afirmación de que Él se encarnó al ser concebido por el poder del Espíritu Santo en el vientre de la Virgen María.
>
> Hay quienes reconocen de verdad la encarnación de nuestro Señor sin creer en su nacimiento virginal, y hay otros (los musulmanes, por ejemplo) que creen en su nacimiento virginal, pero no en su encarnación. Pero es innegable que su encarnación y nacimiento virginal están íntimamente unidos en la fe histórica de la Iglesia. Esto no es de sorprender. La encarnación fue un suceso sobrenatural, un acto de Dios irrepetible y sin precedentes. Cuanto más apreciamos su singularidad, más podemos reconocer cuán apropiado (de hecho, cuán inevitable) es que los medios por los que se produjo también sean singulares. Sin duda, la concepción virginal de nuestro Señor debe entenderse como un milagro; los intentos de explicarlo mediante analogías... son más que inútiles. ("The Person of Christ: Incarnation and Virgin Birth" [La Persona de Cristo: Encarnación y nacimiento virginal], en *Basic Christian Doctrines* [Doctrinas cristianas básicas], ed. Carl F. H. Henry [Grand Rapids: Baker, 1971 reimpresión], p. 128).

En su conocido relato sobre el nacimiento de Jesús en el Evangelio de Lucas, el evangelista quería que entendiéramos la importancia de este milagro. Aunque es sorprendente, humanamente inexplicable y va más allá de cualquier explicación científica, el escritor nos invita a aceptar el milagro de la concepción virginal de Cristo en el vientre de María como una realidad. Aquí está el relato claro y conciso de Lucas del primer anuncio a la virgen María de que Dios pondría a su Hijo Jesús en su vientre, sin la participación de un hombre:

> *"Entonces el ángel le dijo: María, no temas, porque has hallado gracia delante de Dios. Y ahora, concebirás en tu vientre, y darás a luz un hijo, y llamarás su nombre JESÚS. Este será grande, y será llamado Hijo del Altísimo; y el Señor Dios le dará el trono de David su padre; y reinará sobre la casa de Jacob para siempre, y su reino no tendrá fin. Entonces María dijo al ángel: ¿Cómo será esto? pues no conozco varón. Respondiendo el ángel, le dijo: El Espíritu Santo vendrá sobre ti, y el poder del Altísimo te cubrirá con su sombra; por lo cual también el Santo Ser que nacerá, será llamado Hijo de Dios" (Lc. 1:30-35).*

El anuncio del ángel Gabriel a María se basó en varios fundamentos importantes. No fue un invento novedoso y descabellado, sino que se apoyó en sólidos fundamentos históricos y doctrinales.

El fundamento del Antiguo Testamento

El primer fundamento de la realidad de la concepción virginal es la profecía del Antiguo Testamento. Ya en Génesis 3:15, el nacimiento sobrenatural de Cristo está claramente implícito: "Y pondré enemistad entre ti y la mujer, y entre tu simiente y la simiente suya; ésta te herirá en la cabeza, y tú le herirás en el calcañar". Fue parte del juicio de Dios sobre Satanás después de la caída y la primera profecía que anticipaba la redención. Aquel llamado "la simiente suya" que le daría un golpe fulminante en la cabeza a Satanás, no podía ser otro que Cristo. Satanás iba a herirle el talón en la crucifixión, pero Cristo se levantaría de la tumba y le daría un golpe mortal (cuando el diablo es condenado y echado al lago de fuego para siempre).

La expresión "la simiente suya" también debe referirse a alguien distinto a María, porque las mujeres no producen la semilla de forma natural. Sin embargo, es natural que el hombre tenga la semilla (cp. Gn. 12:1-3; Gá. 3:16) ¿Cómo puede una mujer tener una semilla? Solo mediante la intervención sobrenatural (que solo sucedió una vez) del Espíritu Santo para colocar la semilla divina en el vientre de María. Es una alusión inconfundible a la concepción virginal de Jesucristo.

El Salmo 2:7-9 proporciona otro fundamento para el nacimiento virginal y la deidad de Cristo: "Yo publicaré el decreto; Jehová me ha dicho: Mi hijo eres tú; yo te engendré hoy. Pídeme, y te daré por herencia las naciones, y como posesión tuya los confines de la tierra. Los quebrantarás con vara de hierro; como vasija de alfarero los desmenuzarás". Esta es la única referencia en el Antiguo Testamento de la relación entre el Padre y el Hijo, la cual se planeó en la eternidad pasada de forma soberana y se cumplió en la encarnación de Cristo. También es una profecía mesiánica (cp. vv. 8-9) que prometía que Dios traería al mundo a Aquel que gobernaría con "vara de hierro", su Hijo.

Si los judíos incrédulos del tiempo de Jesús hubieran entendido bien el Salmo 2, se habrían dado cuenta de que Cristo debía ser tal como el ángel Gabriel había dicho: "Hijo del Dios Altísimo" y un descendiente humano de David a través de María (así como muestra su genealogía en Lucas 3). Todo el que examina con cuidado las afirmaciones de las Escrituras puede ver que el nacimiento virginal era fundamental para la venida del Mesías.

Isaías 7:14 es otro pasaje clave del Antiguo Testamento que valida la verdad del embarazo de la virgen. El profeta anunció, con palabras muy conocidas para nosotros, la clara señal profética de cómo Dios iba a obrar para producir la encarnación: "Por tanto, el Señor mismo os dará señal: He aquí que la virgen concebirá, y dará a luz un hijo, y llamará su nombre Emanuel".

La palabra "virgen" en este contexto es la traducción correcta de la palabra hebrea *almah*, que denota a una mujer que verdaderamente es virgen, no simplemente una mujer joven o soltera. Esta traducción concuerda con el significado de la palabra en siete de las ocho veces que aparece en el Antiguo Testamento.

La intención correcta de la profecía de Isaías se corrobora con fuerza en la interpretación inspirada que hace Mateo: "Y [María] dará a luz un hijo, y llamarás [José] su nombre Jesús, porque él salvará a su pueblo de sus pecados. Todo esto aconteció para que se cumpliese lo que fue dicho por el Señor por medio del profeta, cuando dijo: He aquí, una virgen concebirá y dará a luz un hijo, y llamarás su nombre Emanuel, que traducido es: Dios con nosotros" (Mt. 1:21-23).

Mateo utilizó la palabra *parthenos* para "virgen", que es el equivalente griego de *almah*. Cuando se usaba una forma de la palabra *parthenos* en el Nuevo Testamento (también en Lucas), significaba siempre "virgen", alguien que nunca ha tenido relaciones sexuales. Este hecho recalca que Mateo entendió de forma correcta el uso de la palabra por parte de Isaías y la intención genuina del profeta de predecir que el Mesías nacería de una virgen. La interpretación de Mateo es difícil de refutar porque simplemente presentó el mensaje del ángel del Señor (Mt. 1:20), un mensajero perfectamente confiable.

Así pues, María, la madre de Jesús, era verdaderamente virgen, de acuerdo con la señal predicha en Isaías 7:14. Si una mujer quedaba embarazada y tenía un hijo, eso no era una señal especial, era un hecho normal. Sin embargo, si una virgen quedaba embarazada y traía un hijo al mundo (y uno de sus nombres era "Dios con nosotros"), eso, sin lugar a dudas, era una señal divina y milagrosa.

El fundamento de la persona y obra del Mesías

El papel de Mesías, anunciado por los profetas del Antiguo Testamento y confirmado en el Nuevo, proporciona un segundo fundamento principal para la realidad del nacimiento virginal de Jesucristo. Si los versículos de las Escrituras que vamos a considerar ahora tienen una interrelación válida entre ellos (de hecho, la tienen), entonces podemos llegar a la conclusión razonable de que Jesús tenía que ser el Hijo de Dios. Y para ser Hijo de Dios y Salvador nuestro, Él tenía que ser engendrado por Dios en el vientre de una virgen.

El profeta Isaías cita a Dios de esta manera: "Yo, yo Jehová, y fuera de mí no hay quien salve... Mirad a mí, y sed salvos, todos los términos de la tierra, porque yo soy Dios, y no hay más" (Is. 43:11; 45:22). En el Nuevo Testamento, el apóstol Pablo dice a Timoteo y Tito cuatro veces que Dios es el Salvador (1 Ti. 2:3-4; Tit. 2:10, 13; 3:4). Con anterioridad, los escritores de los Evangelios ya habían identificado a Jesús como el Salvador: "Y llamarás su nombre Jesús, porque él salvará a su pueblo de sus pecados" (Mt. 1:21, cp. Lc. 2:11). Por lo tanto, podemos permanecer firmes en la verdad de esta lógica: Dios es el único Salvador, Jesús es el Salvador; por lo tanto, Jesús es Dios (cp. Hch. 4:12).

El Antiguo Testamento, a través de los profetas, también identifica a Dios como nuestro único Redentor: "Así dice Jehová, Redentor vuestro, el Santo de Israel" (Is. 43:14; cp. Os. 13:14). De nuevo, esta verdad está apoyada por el Nuevo Testamento: "Bendito el Señor Dios de Israel, que ha visitado y redimido a su pueblo" (Lc. 1:68); "Cristo nos redimió de la maldición de la ley" (Gá. 3:13); "Sabiendo que fuisteis rescatados de vuestra vana manera de vivir, la cual recibisteis de vuestros padres, no con cosas corruptibles, como oro o plata, sino con la sangre preciosa de Cristo, como de un cordero sin mancha y sin contaminación" (1 P. 1:18-19).

La relación y la secuencia lógica de esos versículos nos llevan a una sola conclusión válida: si Dios es el único Redentor y Cristo nos redimió, entonces Cristo es Dios. Y puesto que Cristo es Dios y es el segundo miembro preexistente de la Trinidad, la encarnación debió darse por medio de la unión milagrosa entre lo divino y lo humano; a saber, la concepción y el nacimiento virginal.

Todas estas verdades sobre la persona y obra de Cristo nos llevan a una verdad última acerca de Él que se presenta en ambos Testamentos: solo Él es digno de adoración. Moisés reiteró este mandamiento a los israelitas: "A Jehová tu Dios temerás, y a él solo servirás, y por su nombre jurarás" (Dt. 6:13). Siglos después, el escritor de la carta a los hebreos dijo a sus lectores (judíos creyentes): "Y otra vez, cuando introduce al Primogénito [Cristo] en el mundo, dice: Adórenle todos los ángeles de Dios" (He. 1:6). Si Dios mismo llama a ángeles y a humanos a adorar a Cristo, y si la adoración está reservada solo para Dios, entonces Cristo es Dios (cp. Is. 45:23; Fil. 2:9-11).

Así que los fundamentos bíblicos para la realidad del nacimiento virginal de Cristo están firmemente establecidos. Si es necesario, usted puede mostrar esos fundamentos a cualquier persona que duda. Por un lado, refutan claramente la idea de que la doctrina del nacimiento virginal es simplemente un invento humano para enaltecer a Jesús a una posición mística por encima del ser humano promedio. Nada podría estar más lejos de la verdad. El Antiguo Testamento dijo que Cristo sería el Hijo de Dios nacido de una virgen, y la persona misma y la obra de Cristo como Salvador exigían que su encarnación viniera por el Espíritu Santo a través de una virgen. El Nuevo Testamento registra de forma más completa el cumplimiento de todo esto en Lucas 1, donde el evangelista presenta el anuncio del nacimiento milagroso de nuestro Salvador a la virgen María.

EL MILAGRO DEL NACIMIENTO VIRGINAL

Hace dos mil años, Dios vino a este mundo como un ser humano. En esa noche tan conocida, un niño nació que era muy diferente a cualquier otro nacido antes o después: el Dios-hombre, Jesucristo. Su nacimiento fue tan grandioso que sirvió como punto de referencia para dividir la historia humana en dos. Todo lo que sucedió antes se identificó como a.C. (antes de Cristo) y todo lo que vino después, como d.C. (después de Cristo) o A.D. (*Anno Domini* que en latín significa "el año de nuestro Señor").

Lucas, el cuidadoso y diligente historiador y teólogo, registró de forma concisa, pero con suficiente detalle, la respuesta de María ante el anuncio de la concepción y del nacimiento virginal de Cristo:

"Entonces María dijo al ángel: ¿Cómo será esto? pues no conozco varón. Respondiendo el ángel, le dijo: El Espíritu Santo vendrá sobre ti, y el poder del Altísimo te cubrirá con su sombra; por lo cual también el Santo Ser que nacerá, será llamado Hijo de Dios. Y he aquí tu parienta Elisabet, ella también ha concebido hijo en su vejez; y este es el sexto mes para ella, la que llamaban estéril; porque nada hay imposible para Dios. Entonces María dijo: He aquí la sierva del Señor; hágase conmigo conforme a tu palabra. Y el ángel se fue de su presencia" (Lc. 1:34-38).

La verdad de esta narración se desarrolla a partir de cinco hechos básicos: la pregunta de María al ángel, la estrategia omnipotente de Dios, la señal de Dios para María, la soberanía de Dios en el milagro y la sujeción de María a la voluntad de Dios.

La pregunta de María al ángel

María, una joven adolescente (probablemente tendría unos 13 años), se estremeció hasta la médula por su encuentro con un mensajero divino. Lucas 1:29-30 dice que se turbó y se quedó pensando en las palabras iniciales del ángel, y tuvo que ser alentada por el propio ángel para no tener miedo.

En respuesta a la verdad asombrosa que acababa de recibir de que ella sería la madre del Hijo de Dios (vv. 31-33), hizo una pregunta básica sobre la forma: "¿Cómo podrá suceder esto —le preguntó María al ángel— puesto que soy virgen?" (v. 34, NVI). No es una pregunta de duda ni de incredulidad. María sí creyó las palabras del ángel de Dios; solo quería saber cómo se cumpliría una cosa tan imposible.

Una gran razón por la que María pidió una aclaración de las palabras del ángel era que ella no estaba acostumbrada a manejar apariciones sobrenaturales ni promesas milagrosas. Nadie en su tiempo lo estaba. No había habido ninguna revelación divina en más de 400 años, desde la finalización del Antiguo Testamento. Y desde los días de Elías, casi 500 años atrás, no habían ocurrido acontecimientos milagrosos.

María creyó en la promesa de Gabriel, como lo haría cualquiera que ame a Dios. Ella estaba sinceramente perpleja y abrumada por lo que era un acontecimiento extraordinario y sin precedentes en la historia humana. Sin embargo, su pregunta también mostró que entendió lo que el ángel *no* le dijo.

María comprendió que el ángel no le había dicho que iba a casarse simplemente con José y a tener un hijo con él. Eso no tendría nada de milagroso. En cambio, su testimonio de su virginidad ("puesto que soy virgen") muestra que sabía que iba a concebir un hijo de inmediato, antes de casarse. María entendió lo que iba a suceder, pero no podía evitar preguntarse cómo Dios lo haría.

La estrategia omnipotente de Dios

El ángel Gabriel respondió la pregunta de María al revelarle la estrategia omnipotente y sorprendente de Dios: el Espíritu Santo vendría sobre ella (v. 35). El Espíritu de Dios, el agente original de la creación (Gn. 1:2), se convertiría de nuevo en el agente de la creación especial de Dios, esta vez en el vientre de una adolescente. Lucas 1 no sugiere (ni ningún otro texto de las Escrituras) que la actividad sexual humana engendrara a Jesús, el hijo de María. La Palabra de Dios indica que solo el poder creativo y divino actuó en ella, lo que valida una vez más la verdad del nacimiento virginal.

Entonces, el ángel abrió el entendimiento de María al afirmar: "el poder del Altísimo te cubrirá con su sombra". "Altísimo" es simplemente otro título del Espíritu Santo que viene del hebreo *El Elyon*, "el Dios Altísimo". Es un nombre de Dios muy común en el Antiguo Testamento, y significa "gobernante todopoderoso, omnipotente y soberano". Se refiere a Aquel que es soberano sobre todas las cosas en el cielo y en la tierra, al Dios Creador que hizo y sostiene el universo y que inició la concepción y el nacimiento virginal de Jesús.

Dios mismo iba a rodear e influir ("cubrir con su sombra") en el vientre de María con poder creativo para engendrar a un niño especial. Debido a ese milagro creativo, "el Santo Ser que nacerá, será llamado Hijo de Dios". Tal declaración amplía nuestra comprensión del nacimiento virginal y la deidad de Cristo de dos formas significativas:

Primero, el hijo de María sería diferente a cualquier otra persona que hubiera nacido porque Dios lo haría "santo" (separado de cualquier pecado). Segundo, como Dios mismo crearía al hijo de María en su vientre, ese "Santo Ser" sería en verdad el Hijo de Dios, no el hijo de María y José. Jesús sería Dios en carne humana (cp. Sal. 2:7; Jn. 1:1-2, 14; He. 1:3).

La señal de Dios para María

La noticia del ángel sobre el nacimiento único y extraordinario fue tan inconcebible para María que Dios, en su gracia, le dio una señal para confirmarle la verdad de todo lo que le estaba diciendo a través del ángel. María había respondido con fe humilde sin pedirle una señal, pero Dios, en su sabiduría soberana, le dio una que fortalecería su fe.

La señal que Dios eligió para María fue el embarazo milagroso de Elisabet, su parienta mayor: "Y he aquí tu parienta Elisabet, ella también ha concebido hijo en su vejez; y este es el sexto mes para ella, la que llamaban estéril" (Lc. 1:36).

Pese a que era una joven adolescente, María sabía que Elisabet, con unos sesenta o setenta años, no había podido tener hijos durante todo ese tiempo. Así que la noticia de que su parienta anciana estaba en su sexto mes de embarazo fue bastante sorprendente para María.

El embarazo de Elisabet también fue una concepción milagrosa, pero no igual al de María. A diferencia de la concepción virginal que iba a tener lugar en el vientre de María, Elisabet concibió un hijo con su esposo de la manera normal, pero con la ayuda milagrosa de Dios para superar su esterilidad de toda la vida. Él, en su gracia, intervino en la vida de una pareja de ancianos para que pudieran concebir.

La increíble obra de Dios a favor de Elisabet era una señal maravillosa que afirmó que los milagros de concepción eran posibles. María podría visitar a Elisabet y ver de primera mano el milagro de la concepción gracias a la intervención milagrosa de Dios (cp. Lc. 1:39-40).

La soberanía de Dios en el milagro

Sin importar cuán imposible sea humanamente, Dios es capaz de cumplir todo lo que promete, y recordó ese hecho a María con una declaración breve pero profunda sobre su omnipotencia: "Porque nada hay imposible para Dios" (Lc. 1:37).

Esa verdad, que también presentó el ángel Gabriel, acompañó primero la promesa de otro nacimiento milagroso: el de Isaac, hijo de Abraham y Sara (Gn. 18:10-14). Ellos eran mucho mayores que Zacarías e Elisabet, pero Dios les aseguró que tendrían un hijo especial. Sara se rió al principio porque no creía en la promesa de Dios (vv. 12-13, 15). Eso hizo que Dios preguntara a Abraham: "¿Hay para Dios alguna cosa difícil?" (v. 14), que fue la base de las palabras de Gabriel a María.

Como judía temerosa de Dios, María conocía sin duda las afirmaciones del Antiguo Testamento respecto a la soberanía divina (p. ej. Sal. 115:3; Jer. 32:17; Dn. 4:35). Sin embargo, la alusión específica a Génesis 18:14 le recordó que, en el pasado, nada fue imposible en cuanto a la concepción de un hijo. Sin lugar a dudas, en su mente seguían girando pensamientos como ¿Qué está pasando? y ¡Esto es imposible! Por lo tanto, ella necesitaba recordatorios adicionales (como a menudo todos nosotros) de que el poder ilimitado de Dios puede lograr cualquier cosa que desee. Si no fue demasiado difícil para Él en el pasado (el nacimiento milagroso de Isaac y la concepción de Juan el Bautista con ayuda divina), entonces todo era posible con Él en el futuro (incluso la concepción virginal de Cristo).

La sujeción de María a la voluntad de Dios

Después de que el ángel contestó la pregunta de María y ella escuchó cómo Dios podía y haría que fuera la madre virgen de su Hijo, ella respondió de la manera más apropiada para un siervo del Señor: se sometió humildemente a su voluntad.

Cuando María dijo: "He aquí la sierva del Señor; hágase conmigo conforme a tu palabra" (Lc. 1:38), demostró que conocía otra historia importante del Antiguo Testamento sobre un nacimiento milagroso: la manera en que Dios había respondido la oración de Ana al permitirle tener a Samuel, un hijo especial (1 S. 1—2).

María siguió el ejemplo de Ana de ser una sierva dispuesta, por lo que se inclinó obedientemente ante el desarrollo increíble de los propósitos de Dios. Ana se refirió a sí misma como "sierva" (1 S. 1:11, 18) en cuatro ocasiones, que en el Antiguo Testamento griego (LXX) es la misma palabra *doule* que María utilizó en Lucas para llamarse a sí misma "sierva". Al parecer, María estaba familiarizada con el milagro de Dios que permitió que Ana, una mujer que había estado mucho tiempo sin hijos, pudiera concebir y tener a Samuel. De esta manera, la joven virgen, elegida por Dios para concebir y dar a luz al Mesías, también se veía a sí misma como una sierva humilde comprometida con el propósito soberano de Dios (cp. Lc. 1:48).

Las últimas palabras de María al ángel en Lucas 1:38, "Hágase conmigo conforme a tu palabra", indican que entendió y aceptó por fe las consecuencias de todo lo que Gabriel dijo que estaba a punto de sucederle. Ella entendió sin duda que sería imposible convencer a las personas de que ella, una joven de trece años, ¡estaba embarazada por el Espíritu Santo! Incluso José encontraría eso imposible de creer, y pensaría que ella había pecado. De hecho, José estaba tratando de decidir si ella debía ser apedreada por su pecado o si él debía romper el compromiso matrimonial, cuando recibió el mensaje del Señor que encontramos en Mateo 1:20-25, especialmente el versículo 20: "No temas recibir a María tu mujer, porque lo que en ella es engendrado, del Espíritu Santo es". En lugar de preocuparse por la reacción de su prometido y de los demás cuando se enteraran de su condición, María como una sierva sumisa dejó todos los detalles a Dios y descansó en sus propósitos.

El anuncio del nacimiento virginal en el Evangelio de Lucas es un relato sorprendente. La narración incluye versículos sencillos y breves, sin detalles innecesarios. Al mismo tiempo, Lucas, el historiador y evangelista, retuvo en ella elementos de profunda verdad teológica envueltos en misterio. Ni él ni los otros escritores de los Evangelios dan una explicación profunda sobre cómo sucedió la concepción y el nacimiento virginal. Sin embargo, nuestro Señor y Salvador Jesucristo *nació* de una virgen según el plan preestablecido de Dios. Esa verdad fundamental no depende de comentarios elaborados y detallados, ni siquiera de los escritores bíblicos inspirados por el Espíritu. El nacimiento virginal es una doctrina que no se puede describir completamente a la mente humana, pero es esencial para presentar la naturaleza de Jesús como el Salvador que era Dios y hombre.

Por lo tanto, la concepción virginal y la deidad de Cristo son fundamentales para el mensaje cristiano y esenciales para explicar y defender cuando usted y yo damos a conocer el evangelio a los perdidos.

9

La muerte y resurrección de Jesucristo

La muerte y la resurrección de Jesucristo son la culminación de la historia redentora, los acontecimientos principales del plan de Dios para la salvación. Sin embargo, a través de los siglos, la primera de estas dos grandes verdades históricas ha sido incomprendida, y la segunda, rechazada totalmente. El significado de la muerte de Cristo se ha interpretado de forma errónea como la simple ejecución de un revolucionario social, el martirio injusto de un idealista noble o el final dramático de un intervalo interesante, pero a menudo desconcertante, en la historia religiosa de Oriente Medio. Y los racionalistas y los escépticos han desestimado la resurrección como una imposibilidad, un engaño o un invento difundido por los discípulos como parte del dogma de una nueva religión.

La mayoría de las personas en la sociedad contemporánea ha estado muy influenciada por esos puntos de vista sobre la muerte expiatoria de nuestro Señor, y su resurrección corporal y sobrenatural. No tienen un conocimiento práctico de lo que la Palabra de Dios enseña sobre estos acontecimientos trascendentales, ni de la aplicación espiritual que Él desea que tales hechos tengan en la vida de cada individuo. Por esta razón, ningún estudio de las verdades básicas que creemos y proclamamos está completo sin un examen de las referencias bíblicas sobre la crucifixión y la resurrección de Cristo.

LA CRUCIFIXIÓN: EL TELÓN DE FONDO

Es muy probable que algunos de los más de 30.000 hombres crucificados en Tierra Santa en la época de Cristo fueran víctimas inocentes. Sin embargo, la mayoría eran patriotas fanáticos que esperaban liberar a los judíos y a otros de la opresión romana. Fueron ejecutados por sedición e insurrección armada, y muchos fueron probablemente admirados como personas que murieron por una causa en la que creían de verdad. Pero, ¿por qué la historia recuerda solo el nombre de un hombre que fue crucificado durante esos tiempos turbulentos: Jesucristo? Y, ¿por qué registró la Biblia tanto acerca de los detalles y el significado de su muerte?

Las respuestas a estas preguntas comienzan a surgir en los primeros capítulos de las Escrituras. En primer lugar, el pecado de Adán y Eva en Génesis 3 hizo que ellos y sus descendientes cayeran bajo la maldición y la corrupción del pecado. Pero inmediatamente después de la caída, Dios le dio a la humanidad la esperanza de su liberación. En Génesis 3:15, Dios hizo la primera promesa del evangelio cuando dijo a Satanás: "Y pondré enemistad entre ti y la mujer, y entre tu simiente y la simiente suya [Cristo]; ésta te herirá en la cabeza, y tú le herirás en el calcañar". Satanás iba a herir temporalmente el talón de Cristo a través de la crucifixión, pero Cristo lo iba a herir de forma permanente "en la cabeza", con su victoria sobre el pecado y la muerte mediante la resurrección.

Segundo, el sistema sacrificial del Antiguo Testamento, anticipado en la primera Pascua (Éx. 12) y plenamente establecido en Levítico, comunicó al pueblo de Dios que la sangre debía ser derramada para la remisión del pecado. Pero esos sacrificios de animales que se repitieron continuamente durante la historia de Israel, solo *representaban* el sacrificio real y suficiente y una vez por todas de la muerte de Jesús en la cruz. La sangre de los animales no tenía poder para limpiar a las personas del pecado de forma permanente. Solo la sangre de Cristo derramada en el Calvario podía hacer eso (He. 10:4; 1 Jn. 1:7).

Tercero, los profetas anunciaron que la misión terrenal del Mesías sería morir por los pecados de su pueblo. Isaías dijo: "Verá el fruto de la aflicción de su alma, y quedará satisfecho; por su conocimiento justificará mi siervo justo a muchos, y llevará las iniquidades de ellos" (Is. 53:11, cp. el contexto completo, 52:13—

53:10). Zacarías escribió sobre los judíos: "Mirarán a mí, a quien traspasaron, y llorarán como se llora por hijo unigénito, afligiéndose por él como quien se aflige por el primogénito" (Zac. 12:10). El profeta sabía que un día, el pueblo escogido de Dios se convertiría al Cristo que crucificaron.

Por último, los apóstoles explicaron con claridad e hicieron énfasis en la importancia de la muerte de Jesús. Pablo dijo que, en el Calvario, Cristo se hizo maldición para redimirnos a nosotros de la maldición de la ley (Gá. 3:13). En 1 Pedro 3:18, se concluye que nuestro Señor "padeció una sola vez por los pecados, el justo por los injustos, para llevarnos a Dios, siendo a la verdad muerto en la carne, pero vivificado en espíritu" (cp. He. 9:28). Y, finalmente, el apóstol Juan, en el último libro del Nuevo Testamento, habla de Jesús como el *sacrificio supremo*: "Tú fuiste inmolado, y con tu sangre nos has redimido para Dios, de todo linaje y lengua y pueblo y nación" (Ap. 5: 9; cp. 13:8).

Por lo tanto, la esencia de lo que debemos proclamar en el evangelio es la muerte de Jesucristo. Esa fue la revelación suprema del amor misericordioso de Dios por un mundo pecador y la base del perdón. Como testigos de Él y del mensaje de salvación, debemos tener una comprensión básica de lo que sucedió ese día en la cruz y de la importancia continua que tienen hoy tales sucesos para los pecadores.

LOS MILAGROS DE LA CRUZ

Los cuatro Evangelios contienen relatos precisos de la muerte de Cristo, pero creo que ninguno describe su significado de forma tan eficaz como Mateo 27:45-53. En ese pasaje, el apóstol muestra seis milagros que acompañaron la crucifixión: la oscuridad sobrenatural, la separación de Cristo de su Padre, la muerte voluntaria de Cristo, la rasgadura divina del velo del templo, el terremoto sobrenatural y la apertura sobrenatural de muchas tumbas. Estos acontecimientos sorprendentes nos presentan un comentario divino, útil e inigualable en cuanto al significado de la muerte de nuestro Salvador.

Dios envía oscuridad

El primer milagro de la crucifixión fue un período de oscuridad que cayó sobre la tierra desde el mediodía hasta las 3:00 de la tarde. Los verdugos de Jesús lo clavaron a la cruz hacia las 9:00 de la mañana (Mr. 15:25), de modo que cuando comenzó la oscuridad, él llevaba tres horas en la cruz. Esas tres primeras horas de la crucifixión fueron esencialmente un período de silencio, interrumpido solo por las palabras de Jesús de perdón misericordioso y bondad hacia varias personas (sus enemigos, Lc. 23:34; el ladrón arrepentido, v. 43; y su madre, Jn. 19:26-27).

La oscuridad sobrenatural que caracterizó sus siguientes tres horas en la cruz pudo haber sido local o universal. Mateo 27:45 explica: "Y desde la hora sexta hubo tinieblas sobre toda la tierra hasta la hora novena". También podemos traducir la palabra griega para "tierra" con la palabra *Tierra* con mayúscula, que significa el mundo entero. Por lo tanto, este texto no indica con precisión cuán generalizada fue la oscuridad. Por supuesto, la omnipotencia de Dios podría haber hecho que fuera local o universal (cp. Éx. 10:14-15; Jos. 10:12-13; 2 R. 20:9-11).

Sin importar su extensión, la oscuridad fue un hecho milagroso. Lucas usó la palabra griega *ekleipo* en su Evangelio para describir lo que sucedió. De esa palabra obtenemos en español la palabra *eclipse*, que significa literalmente dejar de existir. Sin embargo, un eclipse solar natural no explica la oscuridad porque los calendarios antiguos muestran que el sol y la luna estaban demasiado lejos ese día. Lucas reconoció de forma implícita que Dios había intervenido y, por lo tanto, escribió simplemente: "Y el sol se oscureció" (Lc. 23:45).

La Biblia no explica el propósito de esta oscuridad extraordinaria. Sin embargo, en consonancia con otros usos descriptivos de ese término en las Escrituras, la oscuridad en la crucifixión fue más probablemente una señal del juicio de Dios contra el pecado atroz de matar a su Hijo. Los profetas utilizaron palabras para oscuridad al describir el día del Señor (p. ej., Is. 13:10-11; Jl. 2:2; Sof. 1:14-15). Los escritores del Nuevo Testamento también asociaron la oscuridad con el juicio de Dios (p. ej., Mt. 8:12; 22:13; 25:30; 2 P. 2:4; Jud. 6).

Sin duda, la cruz de Jesús fue un lugar de juicio. Allí, Dios puso nuestros pecados sobre los hombros de su propio Hijo sin pecado y perfecto. Por lo tanto, la oscuridad sobrenatural fue una reacción adecuada para mostrar el desagrado intenso de Dios por el pecado que se derramaba sobre su Hijo, el sustituto inocente.

Dios se separa de su Hijo de forma soberana

Al final del período de oscuridad, se produjo un segundo acontecimiento aún más inexplicable: Dios el Padre se separó temporalmente de Cristo, el Hijo. Debido a esto, Jesús expresó su angustia, según nos informa Mateo: "Cerca de la hora novena, Jesús clamó a gran voz, diciendo: Elí, Elí, ¿lama sabactani?'. Esto es: 'Dios mío, Dios mío, ¿por qué me has desamparado?" (27:46).

Jesús gritó de angustia porque esa separación fue la primera y única vez que experimentó algo así. Su Padre le dio la espalda durante un tiempo porque el Hijo se había hecho pecado al tomar el lugar de los pecadores. De alguna manera, en el misterio profundo de la soberanía y omnipotencia de Dios, el Padre mismo se retiró brevemente de la comunión normal con Cristo. Dios abandonó a Cristo y derramó su ira sobre el Salvador sin pecado, porque "al que no conoció pecado, por nosotros lo hizo pecado" (2 Co. 5:21). Jesús también fue "hecho por nosotros maldición" (Gá. 3:13) y era la "propiciación por nuestros pecados" (1 Jn. 4:10; cp. Is. 53:5; Ro. 4:25; 1 Co. 15:3; 1 P. 2:24; 3:18).

Nuestro Señor Jesús *llevó* nuestros pecados en el sentido de que fue castigado por todo el pecado humano, de manera que aquellos que confiaran en su obra de redención fueran rescatados del castigo de su pecado.

El abandono de Dios de su Hijo unigénito no fue una separación de esencia ni de sustancia. Jesús no dejó de ser el Hijo de Dios ni la segunda persona de la Trinidad, así como un niño que es castigado por su padre humano no deja de ser su hijo o su hija. Sin embargo, Cristo dejó de experimentar la comunión íntima con su Padre celestial durante un período de tiempo breve, tal como el hijo desobediente deja de tener su comunión normal y cariñosa con su padre terrenal por un tiempo.

El misterio de la separación de Cristo de Dios es demasiado profundo para que cualquiera de nosotros lo comprenda en su totalidad, pero podemos ver la realidad de su muerte sustitutiva de Cristo y entender algo del dolor de su separación de Dios cuando pensamos en la crucifixión.

Debemos transmitir la verdad de este hecho a los demás cuando les damos a conocer el evangelio. Podemos decir que Jesús sufrió voluntariamente por los pecadores y que se retorcía de dolor bajo el juicio de Dios por pecados que no había cometido ni podía cometer. Y en esa experiencia, soportó la pérdida extremadamente dolorosa de la comunión con su Padre.

Cristo entregó su propia vida

La disposición del Señor y su capacidad de controlar la entrega de su propia vida fue el tercer milagro de la cruz (Mt. 27:50; Lc. 23:46). Fue el sacrificio voluntario de Jesús por el pecado, según el plan redentor de Dios. A diferencia de otros que fueron crucificados, no padeció gradualmente ni murió horas después por asfixia, sino que "entregó el espíritu", como narra Mateo 27:50. La palabra griega traducida como "entregó" significa dejar ir o enviar por un acto de la voluntad. De modo que los verdugos no le quitaron la vida; Jesús la entregó libremente por un acto de voluntad soberana.

Este tercer milagro de la cruz cumplió a cabalidad la declaración previa que Jesús había hecho a sus discípulos: "Nadie me la quita [mi vida], sino que yo de mí mismo la pongo. Tengo poder para ponerla, y tengo poder para volverla a tomar" (Jn. 10:18).

Jesús acababa de gritar aquellas palabras profundas "¡Consumado es!" (Jn. 19:30) para señalar que había terminado la obra de la redención. Que aún tuviera fuerzas para gritar en voz alta en ese momento fue algo asombroso. Él tenía una reserva de energía insólita para alguien con lesiones corporales tan graves. Aunque Cristo debería haber estado mucho más debilitado, también debería haber pasado más tiempo antes de morir. Su muerte rápida en la cruz sorprendió a Poncio Pilato, el gobernador romano, que tuvo que pedir a un centurión que la verificara (Mr. 15:43-45).

Todo lo que rodeó a este tercer milagro de la cruz resalta que el Hijo de Dios controla divinamente la vida y la muerte. No se quitó su propia vida ni se sentía impotente a merced del plan de sus enemigos para matarlo. En cambio, Cristo, por voluntad propia y en obediencia al plan de Dios, entregó su vida como sacrificio para pagar el castigo por el pecado del hombre.

Dios rasga el velo del templo

Justo después de que Jesús entregó su vida, sucedió un cuarto milagro de gran importancia: "el velo del templo se rasgó en dos, de arriba abajo" (Mt. 27:51a).

El velo era una cortina grande y pesada, principalmente azul, que separaba el Lugar Santísimo (donde Dios moraba de forma simbólica) del resto del área del templo. Cada año, en el día de la Expiación, el sumo sacerdote judío pasaba a través del velo para rociar sangre sobre el altar por los pecados del pueblo. Este ritual simbólico debía repetirse anualmente en anticipación del sacrificio verdadero por el pecado que el Mesías iba a ofrecer un día, una vez y para siempre.

Cuando Cristo "entregó el espíritu" en la cruz, el sacrificio final por el pecado quedó consumado, y el velo que separaba al Lugar Santísimo del resto del templo ya no era necesario. Esto simbolizaba de forma dramática que Dios ya era accesible a todos en cualquier momento, no solo para el sumo sacerdote una vez al año. Ahora, los hombres y las mujeres podían ir directamente a Dios mediante Cristo, sin la ayuda de sacerdotes ni de sacrificios rituales repetidos. Por tanto, Dios rasgó de forma milagrosa el velo del templo de arriba hacia abajo para simbolizar que la barrera del pecado se había quitado por siempre para quienes creían en la obra salvadora de Cristo y querían acercarse al Señor (cp. He. 4:16). ¡Qué verdad tan alentadora y vital para darla a conocer a aquellos a los que estamos testificando! ¡Dios está disponible para el pecador!

Dios provoca un terremoto

Cuando Jesús entregó su vida y se rasgó el velo del templo, "la tierra tembló, y las rocas se partieron" (Mt. 27:51). Fue el quinto milagro asociado con la crucifixión de Jesús, y otra señal clara de parte de Dios acerca de la importancia de la muerte de su Hijo.

En el Antiguo Testamento, Dios usaba a veces los terremotos para resaltar la importancia de sucesos especiales. En el monte Sinaí, "todo el monte se estremecía en gran manera" (Éx. 19:18). Cuando Dios se le apareció a Elías sobre una montaña, se sintió "un grande y poderoso viento que rompía los montes, y quebraba las peñas delante de Jehová… Y tras el viento un terremoto" (1 R. 19:11).

En el Nuevo Testamento, los escritores emplearon imágenes similares. En Apocalipsis 6:12, el apóstol Juan dijo: "Miré cuando abrió el sexto sello, y he aquí hubo un gran terremoto" (cp. He. 12:26-27).

Cuando Jesús murió en la cruz, Dios confirmó la posesión por parte de su Hijo del título de propiedad de la tierra (cp. Fil. 2:8-11; Ap. 5:9-10). Por lo tanto, el terremoto sobrenatural fue un adelanto de lo que Dios hará a mayor escala antes de la venida final de Cristo: "Entonces hubo relámpagos y voces y truenos, y un gran temblor de tierra, un terremoto tan grande, cual no lo hubo jamás desde que los hombres han estado sobre la tierra" (Ap. 16:18; cp. 6:12; 8:5; 11:13). Dios tenía el derecho de declarar que Jesús era realmente el Rey de reyes y Señor de señores.

Dios abre muchas tumbas

Así como el terremoto milagroso en la muerte de Cristo fue un adelanto de algunos de los acontecimientos de los últimos tiempos, también lo fue el sexto suceso sobrenatural: la apertura de las tumbas y la resurrección de muchos creyentes.

Cualquier terremoto fuerte podría romper y abrir tumbas. Sin embargo, el último milagro final fue que "muchos cuerpos de santos que habían dormido, se levantaron" (Mt. 27:52). La descripción de Mateo aclara que no todos los creyentes resucitaron. Dios, en su soberanía, eligió a "muchos" creyentes, pero no a todos, para que se levantaran de entre los muertos. Para ellos, fue su resurrección y glorificación final, así como será para todos los creyentes (1 Ts. 4:16).

Quienes resucitaron justo después del terremoto no aparecieron en Jerusalén hasta después de la resurrección de Cristo (Mt. 27:53) porque el Salvador resucitado era "las primicias de los que durmieron" (1 Co. 15:20). Cuando aparecieron a otros (quizás a otros creyentes), probablemente lo hicieran el tiempo necesario para corroborar la realidad de este último milagro de la muerte de Jesús. Luego, lo más probable es que ascendieran al cielo, y por eso las Escrituras no dicen nada más sobre ellos.

Al señalar los seis milagros de la muerte de Cristo, podemos asegurar a cualquiera que está perdido espiritualmente que esa demostración impresionante de poder sobrenatural hace que tales sucesos trasciendan cualquier categoría humana y hace que la cruz sea la esperanza verdadera y única de la vida eterna. Cuando Cristo murió, se aplacó la ira de Dios contra el pecado (representado por la oscuridad y la separación soberana). La muerte de Cristo fue voluntaria, de manera que todos los que confían en Él tienen acceso directo al Padre (a través del velo) y una esperanza verdadera de la futura resurrección y glorificación. Dios recalcó de esa manera para todos los tiempos la importancia de la muerte de su Hijo en la cruz. Sin embargo, esa muerte no fue en absoluto el final de la historia.

LA IMPORTANCIA DE LA RESURRECCIÓN

La mayor diferencia entre el cristianismo y otras religiones es que la muerte de su fundador no marcó el fin de su vida y ministerio. Para los cristianos, la muerte de Jesucristo no significó que sus restos deteriorados tuvieran que depositarse en una tumba permanente, fuera de Jerusalén, Belén, o en cualquier otro lugar. En cambio, un seguidor de Buda escribió una vez: "Cuando Buda murió, fue de manera tan absoluta que no queda nada". Y Mahoma, el fundador del Islam, murió en 632 d.C. y fue sepultado. Desde entonces, decenas de miles de musulmanes visitan anualmente su tumba en Medina (Arabia Saudita), no para celebrar su resurrección, sino para lamentar su muerte. Sin embargo, nosotros celebramos la victoria de Jesucristo sobre la muerte y la tumba cada domingo, y especialmente, el domingo de Resurrección y en los cultos de bautismo por inmersión.

La resurrección es el eje sobre el cual gira la verdad de nuestra fe, y sin ella nada realmente importa. Sin el hecho histórico de la resurrección de Jesús, el significado de la crucifixión se anularía y todas las demás doctrinas que proclamamos y defendemos ante el mundo serían tan solo retórica. El gozo dinámico de nuestra fe se convertiría en especulación, y el cristianismo sería simplemente una de las muchas filosofías humanas y teorías religiosas.

Cada verdad que nuestro Señor enseñó durante su ministerio terrenal giraba alrededor de su inminente resurrección. Él prometió a sus discípulos y amigos: "Que le era necesario al Hijo del Hombre padecer mucho, y ser desechado por los ancianos, por los principales sacerdotes y por los escribas, y ser muerto, y resucitar después de tres días" (Mr. 8:31; cp. 9:9, 31); "Yo soy la resurrección y la vida; el que cree en mí, aunque esté muerto, vivirá" (Jn. 11:25). Los discípulos también proclamaron esa verdad, como lo demuestran los dos primeros sermones de Pedro (Hch. 2:14-36; 3:12-26).

La convicción de que la resurrección era cierta transformó a discípulos temerosos y afligidos en evangelistas y mártires valientes que llevaron el mensaje del evangelio a todo el mundo conocido. Los creyentes de la iglesia primitiva sabían que, como Cristo, ellos resucitarían algún día a una vida nueva, y vivirían para siempre con Él en el cielo. Eso los motivó a enfrentar el ridículo, la prisión, la tortura y la muerte a fin de contarle al mundo acerca del Señor y Salvador resucitado. Puesto que nuestra esperanza de gloria es la misma que la de los primeros creyentes, debemos seguir el ejemplo de su actitud al proclamar a Cristo a los que no tienen esperanza de vida eterna.

Sin la resurrección, el poder vivificante del evangelio y las promesas de vivir para siempre con Cristo en el cielo quedan anulados. Si Jesús permaneció en la tumba, los que profesan la confianza en Él no pueden esperar un destino mejor (cp. 1 Co. 15:19). La doctrina de la resurrección es una parte fundamental del evangelio; sin ella, la salvación no puede darse ni recibirse. Por eso, el apóstol Pablo dijo a los romanos: "Si confesares con tu boca que Jesús es el Señor, y creyeres en tu corazón que Dios le *levantó de los muertos*, serás salvo" (10:9, cursivas añadidas), y enumeró evidencias claves de la resurrección en uno de los capítulos más conocidos de sus cartas del Nuevo Testamento.

EVIDENCIAS DE LA RESURRECCIÓN

Pablo dedicó todo el capítulo 15 de 1 Corintios a la doctrina de la resurrección de Cristo y la resurrección futura de los creyentes. Que haya dedicado una sección larga para explicar la resurrección, nos dice algo de su importancia. En los primeros once versículos, el apóstol presenta un fundamento excelente para la verdad de la resurrección. Resume brevemente cinco evidencias básicas de esta doctrina que debemos estudiar y comprender: el testimonio de la Iglesia, el testimonio de las Escrituras, el testimonio de los testigos presenciales, el propio testimonio de Pablo y el testimonio de un mensaje común. (Para un análisis en profundidad de todo el capítulo, consulte mi libro *Primera de Corintios,* Comentario MacArthur del Nuevo Testamento [Grand Rapids: Portavoz, 2000], caps. 40-45).

El testimonio de la Iglesia

El testimonio de la Iglesia sobre la resurrección de Cristo no se menciona explícitamente, pero está implícito en 1 Corintios 15:1-2. Que el evangelio hubiera cambiado de forma milagrosa a los corintios cuando lo aceptaron en arrepentimiento y fe, es un fuerte testimonio de su poder, el cual se sostiene por la verdad de la resurrección. Aunque había peleas, divisiones, inmoralidad, prácticas incorrectas en los cultos y la presencia de algunos creyentes falsos en la iglesia en Corinto, el Salvador viviente moraba y obraba a través de los cristianos corintios. Pablo reconoció esa presencia divina y no dudó en llamarlos "hermanos" (15:1; cp. 1:10; 2:1; 3:1; 10:1) cuando empezó a instruirlos respecto a la resurrección.

La perseverancia de la Iglesia cristiana durante 2000 años (desde Corinto) es una prueba más de la verdad de la resurrección. El cuerpo de Cristo ha sobrevivido a muchas persecuciones, diversas clases de herejías y a gran infidelidad y escepticismo durante ese período. Los críticos han rechazado la resurrección de Jesús y la consideran un mito o un invento. Sin embargo, nunca han podido explicar cómo semejante invención podría motivar a los cristianos a sacrificarlo todo, incluso su libertad y a veces su vida, por la devoción y la lealtad hacia un Señor muerto. Una Iglesia viva y perseverante es la prueba de que el mismo Cristo vive, y Él vive porque Dios le levantó de los muertos.

El reconocido historiador Roland H. Bainton escribió sobre la importancia de la resurrección de Cristo para el establecimiento y el crecimiento de la iglesia primitiva:

> La resurrección creó a la Iglesia. Tal vez sin ella podría haber existido una iglesia, ya que Pablo nos dice que el Señor se les apareció a 500 hermanos a la vez. Ellos se habían reunido antes de ver la resurrección. La cruz los había juntado, pero, ¿habrían permanecido juntos, habrían establecido una nueva religión si solo hubieran proclamado al Cristo crucificado, sin hablar del Cristo resucitado de entre los muertos? (*Early Christianity* [El cristianismo primitivo] [New York: Van Nostrand Reinhold, 1960], p. 16).

El testimonio de las Escrituras

Pablo citó una segunda evidencia de la validez de la resurrección: "Porque primeramente os he enseñado lo que asimismo recibí: Que Cristo murió por nuestros pecados, *conforme a las Escrituras*; y que fue sepultado, y que resucitó al tercer día, *conforme a las Escrituras*" (1 Co. 15:3-4, cursivas añadidas). Para el apóstol en ese momento, "las Escrituras" eran los escritos del Antiguo Testamento que anunciaban claramente la muerte, la sepultura y la resurrección de Cristo. Respecto a la fiabilidad y autoridad de la Palabra de Dios sobre esos temas, Pablo simplemente seguía el modelo de Jesús.

Cuando el Salvador se encontró con los hombres que iban camino a Emaús, les recordó las enseñanzas claras del Antiguo Testamento: "Entonces él les dijo: ¡Oh insensatos, y tardos de corazón para creer todo lo que los profetas han dicho! ¿No era necesario que el Cristo padeciera estas cosas, y que entrara en su gloria? Y comenzando desde Moisés, y siguiendo por todos los profetas, les declaraba en todas las Escrituras lo que de él decían" (Lc. 24:25-27). En un momento anterior de su ministerio terrenal, Jesús hizo una analogía con la experiencia del profeta Jonás para referirse a su inminente muerte y resurrección: "Porque como estuvo Jonás en el vientre del gran pez tres días y tres noches, así estará el Hijo del Hombre en el corazón de la tierra tres días y tres noches" (Mt. 12:40).

Cuando compareció ante el rey Agripa, Pablo también usó el Antiguo Testamento para respaldar su testimonio sobre la resurrección de Cristo: "Pero habiendo obtenido auxilio de Dios, persevero hasta el día de hoy, dando testimonio a pequeños y a grandes, no diciendo nada fuera de las cosas que los profetas y Moisés dijeron que habían de suceder: Que el Cristo había de padecer, y ser el primero de la resurrección de los muertos, para anunciar luz al pueblo y a los gentiles" (Hch. 26:22-23).

Jesús, Pablo y Pedro usaron pasajes del Antiguo Testamento como Génesis 22:8, 14; Salmos 16:8-11; 22; Isaías 53 y Oseas 6:2 para dar fe de la credibilidad de la resurrección. Debido a esas y a otras referencias de las Escrituras que se presentaron de forma directa e indirecta, ningún judío que confiara en el Antiguo Testamento debería haberse sorprendido de que el Mesías resucitó de entre los muertos,

Pablo utilizó dos veces la expresión "conforme a las Escrituras" en 1 Corintios 15:3-4 para resaltar que la resurrección era parte del plan de Dios, no un invento suyo. Nosotros también podemos dirigir confiadamente a las personas a los testimonios de las Escrituras

(Antiguo *y* Nuevo Testamento) cuando incluimos la verdad de la resurrección de Cristo en nuestra presentación del evangelio.

El testimonio de los testigos presenciales

A lo largo de los siglos, los tribunales de justicia han aceptado el testimonio sincero y responsable de los testigos presenciales como una forma de evidencia fidedigna en la sociedad occidental. Pablo recurrió a ese tipo de testimonio al presentar su tercera evidencia de la resurrección de Jesucristo: "Apareció a Cefas [Pedro], y después a los doce. Después apareció a más de quinientos hermanos a la vez, de los cuales muchos viven aún, y otros ya duermen. Después apareció a Jacobo; después a todos los apóstoles" (1 Co. 15:5-7).

Sus comentarios concuerdan con el hecho de que cada Evangelio dice que el Cristo resucitado apareció a las personas (Mt. 28:9; Mr. 16:9, 12, 14; Lc. 24:31-39; Jn. 20:14-16, 19-20, 26). El primer apóstol a quien apareció fue Pedro (cp. Hch. 1:21-22).

Pablo no da detalles sobre ese suceso, pero sí sabemos que tuvo que ocurrir después de la aparición de Jesús a María Magdalena y antes de su aparición a los discípulos de Emaús (Lc. 24:34). Nuestro Señor apareció de forma especial e individual a Pedro, quizás debido a la vergüenza que el discípulo sentía por haberlo negado y, probablemente, porque era líder entre los doce. La aparición de Cristo hizo énfasis en su gracia hacia Pedro. Pese a que el discípulo había abandonado a su Señor, aún así Él lo apoyaba y lo perdonaba. Jesús sabía que Pedro iba a ser su vocero en Pentecostés (Hch. 2:14-36) y en momentos cruciales en los siguientes meses y años (cp. Hch. 3:12-26). Pedro necesitaba el consuelo de que su Maestro estaba vivo y con él. Armado con tal convencimiento, sería un testigo principal del Cristo resucitado (cp. Jn. 21:15-17).

Entonces, Jesús apareció resucitado a los once apóstoles, a quienes aun se les decía "los doce", aunque el Espíritu Santo no había elegido todavía al reemplazo de Judas Iscariote. Esa aparición tuvo lugar la tarde del mismo día en que resucitó (Lc. 24:36; Jn. 20:19).

Los apóstoles también lo vieron en su cuerpo resucitado en varias ocasiones (Mt. 28:16-20; Lc. 24:44-51; Jn. 20:24-28, 21:1, 14;

Hch. 1:3). Fue un hecho que fortaleció su credibilidad como aquellos que pusieron los fundamentos de la Iglesia (Ef. 2:20) y establecieron sus doctrinas y prácticas mediante sus enseñanzas (Hch. 2:42). Sin duda, los doce fueron testigos competentes y fidedignos de la resurrección.

Si los apóstoles representan la *calidad* de personas concretas que vieron a Jesús vivo en forma corporal, los 500 hermanos representan la *cantidad* de testigos presenciales que lo vieron resucitado. El apóstol Pablo no identifica a esos creyentes ni escribe nada sobre las circunstancias de la aparición de Cristo ante ellos, pero es probable que la iglesia primitiva los conociera bien y creyera en sus testimonios de haber visto a Jesús. Sus testimonios a otros creyentes hubieran sido declaraciones poderosas que corroboraron la verdad de la resurrección.

Pablo sigue diciendo que el Cristo resucitado también se apareció a uno llamado Jacobo. Ese hombre podría haber sido uno de los dos apóstoles con el mismo nombre, ya sea el hijo de Zebedeo o el hijo de Alfeo (cp. Mr. 3:17-18). Sin embargo, creo que era el medio hermano de Jesús, el que escribió la epístola de Santiago y fue un líder importante de la iglesia de Jerusalén (Hch. 15:13-21).

Ese miembro de la familia terrenal de Jesús —un hombre que, junto con los otros medio hermanos de Jesús no creía en un principio que Él era el Señor y el Mesías (cp. Jn. 7:1-9)—, se convirtió en un testigo fuerte y persuasivo de su resurrección. Ver que Jesús había realmente resucitado de entre los muertos pudo llevar a Jacobo a la fe salvadora. En cualquier caso, era un testigo creíble y sincero a quien Pablo incluyó en su lista de testigos presenciales del Salvador resucitado.

El propio testimonio de Pablo

La cuarta evidencia del apóstol Pablo sobre la verdad de la resurrección fue su propio testimonio como un apóstol que vio al Señor resucitado después que los otros apóstoles lo vieran. Pablo no era uno de los doce y, de hecho, había sido un incrédulo durante mucho tiempo, un judío celoso que perseguía a la iglesia de Cristo en sus primeros años. Por lo tanto, su testimonio sobre la resurrección de Cristo era todavía más extraordinario.

La aparición de Cristo a Pablo no fue solo después de la resurrección, sino después de la ascensión, lo que hace que el testimonio de Pablo sea incluso más especial y distinto. La aparición no se produjo durante los 40 días posteriores a la resurrección de nuestro Señor, sino varios años más tarde en el camino a Damasco (Hch. 9:1-8). Más tarde en su ministerio, Pablo también escuchó o vio al Señor resucitado en varias ocasiones (Hch. 18:9-10; 23:11; cp. 2 Co. 12:1-7).

El apóstol se describe a sí mismo como "un abortivo" (1 Co. 15:8), lo cual indica que sabía que llegó a la fe demasiado tarde para ser uno de los doce. Por lo general, esta expresión en griego denota un aborto intencional, un aborto involuntario o un parto prematuro, y era un término despectivo hacia cualquier cosa inútil, muerta o inmadura. Antes de su visión del Cristo resucitado y ascendido, Pablo estaba espiritualmente inútil, muerto e inmaduro, alguien que Dios podía haber despreciado. Sin embargo, Cristo decidió aparecer a Pablo de forma providencial para salvarlo y llamarlo al alto cargo de apóstol. Por todo lo anterior, el apóstol se vio obligado a expresar su asombro con humildad: "Porque yo soy el más pequeño de los apóstoles, que no soy digno de ser llamado apóstol, porque perseguí a la iglesia de Dios. Pero por la gracia de Dios soy lo que soy; y su gracia no ha sido en vano para conmigo, antes he trabajado más que todos ellos; pero no yo, sino la gracia de Dios conmigo" (1 Co. 15:9-10; cp. 1 Ti. 1:12-17).

La verdad poderosa de la resurrección obró tres cambios importantes en la vida de Pablo. Primero, reconoció su pecado y comprendió cuán lejos estaba de la verdadera vida espiritual. Segundo, el Señor resucitado lo transformó de perseguidor de la iglesia a su mayor defensor. Pablo abandonó su odio farisaico hacia la causa de Cristo y adoptó una actitud amorosa y de entrega cuando empezó a trabajar sin cansancio para proclamar el evangelio y plantar iglesias. Tercero, gracias al poder sobrenatural del evangelio que transformó su vida y a la verdad inconfundible de la resurrección de Cristo, Pablo experimentó una reorientación drástica de sus energías. Así como antes se había opuesto a los cristianos con todo el corazón, ahora les sirvió y los apoyó como su maestro y vocero principal.

El testimonio del mensaje común

Por último, Pablo testificó sobre la verdad de la resurrección con base en la existencia de un mensaje común en la iglesia primitiva: "Porque o sea yo o sean ellos, así predicamos, y así habéis creído" (1 Co. 15:11). Cada apóstol, profeta y maestro genuino, sin excepción, centró su predicación en la muerte, sepultura y resurrección de Jesucristo. Y esas grandes verdades deberían estar también en el corazón de nuestro mensaje evangelístico para familiares, amigos y compañeros de trabajo que están perdidos. El cristianismo auténtico, ya sea en el tiempo del apóstol Pablo o en el nuestro, no tiene nada que ver con un evangelio que no proclame ni defienda la muerte y la resurrección de nuestro Señor y Salvador Jesucristo.

TERCERA PARTE

LLÉVELO A LAS CALLES

10

La Gran Comisión

Un autor desconocido escribió que en una costa peligrosa, donde los naufragios eran frecuentes, existió una vez una pequeña estación de salvamento. La construcción era una cabaña y solo había un bote, pero los pocos voluntarios dedicados mantenían una vigilancia constante sobre el mar. Sin pensar en su propia seguridad, salían de día y de noche, rescatando sin cansancio a los náufragos. Salvaron muchas vidas, por lo que la estación se hizo famosa.

Algunos de los que se salvaron, junto con otros que vivían en la zona circundante, querían asociarse a la estación. Dedicaron tiempo, dinero y esfuerzo para apoyar el trabajo de la estación. Compraron botes nuevos y entrenaron tripulaciones nuevas. De esta manera, la estación de salvamento creció.

Pronto, algunos de los que se ofrecieron como voluntarios en la estación mostraron su descontento porque la construcción era rudimentaria y estaba pobremente equipada. Sentían que correspondía proporcionar un lugar más cómodo como primer refugio para los que salvaban del mar. Así que cambiaron los catres y las camas de emergencia, y pusieron un mejor mobiliario en una construcción nueva y más grande.

Como resultado, la estación de salvamento se convirtió en un lugar de reunión popular para los voluntarios. La decoraron con un gusto exquisito y comenzaron a usarla como club, e incluso cobraban cuotas de membresía. Puesto que los miembros estaban ahora menos interesados en ir a la mar para hacer misiones de salvamento, contrataron tripulaciones que hicieran el trabajo en los botes. Sin embargo, el motivo de salvar vidas aún predominaba en los emblemas y en los artículos de escritorio del club, y había un bote salvavidas simbólico en la sala donde hacían las iniciaciones.

Por esa época, un gran barco naufragó frente a la costa y las tripulaciones contratadas trajeron a un gran número de personas frías, mojadas y medio ahogadas. Como los sobrevivientes estaban sucios y enfermos, pronto desarreglaron el club nuevo y hermoso. Así que el comité encargado de la propiedad mandó construir inmediatamente una caseta con ducha fuera del club, donde los náufragos pudieran limpiarse antes de entrar.

En la siguiente reunión, se produjo una división entre los miembros del club. La mayoría quería detener las actividades de salvamento por completo, porque pensaban que eso estorbaba y era desagradable para la vida social normal del club. Otros insistieron en que el salvamento era su objetivo principal y señalaron que, después de todo, el club era todavía una estación de salvamento. Sin embargo, esos miembros estaban en minoría y les dijeron que si querían salvar a quienes naufragaban en esas aguas, podían empezar su propia estación de salvamento en la costa, y ellos lo hicieron. Con el paso de los años, la nueva estación poco a poco tuvo que enfrentar los mismos problemas que había tenido la primera. Esta también se convirtió en un club y el trabajo de salvamento dejó de ser una prioridad. Los pocos miembros que se dedicaban a salvar vidas fundaron otra estación de salvamento. La historia siguió repitiéndose y si usted visita esa costa hoy, encontrará una serie de clubes exclusivos. Los naufragios son todavía frecuentes, pero la mayoría de las personas se ahogan.

¡Qué ilustración tan impresionante sobre la historia de la Iglesia! La tarea de rescatar hombres y mujeres del mar del pecado —de salvarles de las grandes olas del infierno— es la obra más importante a la que Dios ha llamado a la Iglesia. El salvamento espiritual es la prioridad principal del creyente y solo se puede hacer aquí. ¿Por qué, pues, hay tantos que no están dispuestos a participar en la tarea o que la ignoran? La respuesta no es tan compleja, es simplemente una cuestión de enfoque. Si usted quiere poner en práctica todo lo que ha aprendido sobre la verdad del evangelio, necesita saber lo que Dios espera de usted como testigo en este mundo.

UNA MISIÓN MUY ESENCIAL

Si usted hiciera una encuesta a una congregación evangélica típica respecto a cuál es el propósito principal de la Iglesia, creo que recibiría varias respuestas.

Un gran número de personas diría que lo primero es la comunión. Sin duda, la oportunidad de relacionarse e interactuar con hermanos cristianos que comparten las mismas creencias y valores es extremadamente necesaria para sobrevivir en nuestra cultura maligna. Otros dirían que la enseñanza bíblica sólida debe ser la función principal de la iglesia. Desde que fui llamado a ser pastor, nunca he minimizado la importancia de exponer las Escrituras y de fortalecer a los creyentes en el conocimiento y en la obediencia a la verdad de Dios revelada. Otros miembros más considerarían que la alabanza a Dios es el fin supremo de la iglesia. De hecho, es importante porque debemos exaltar al Señor siempre.

Todas esas prioridades son completamente bíblicas y deberían caracterizar a cada cuerpo de creyentes, pero no representan, ni por separado ni en conjunto, el propósito y la misión central de la Iglesia en el mundo. El fin y el motivo último de los creyentes, tanto a nivel individual como corporativamente, es glorificar a Dios.

El apóstol Pablo describió la salvación como "alabanza de la gloria de su gracia" y después, en la misma carta, declaró: "A él sea la gloria en la iglesia" (Ef. 1:6; 3:21). El mismo Jesús vino a revelar y a manifestar la gloria del Padre (Jn. 1:14). Hebreos 1:3 declara que Cristo es "la imagen misma de su sustancia". Al igual que nuestro Salvador, debemos alabar, honrar y glorificar a nuestro Dios en cada área de la vida.

La forma suprema que Dios escogió para glorificarse a sí mismo en el mundo humano fue mediante la redención de los hombres pecadores. Desde la caída, Dios ha estado atrayendo, está atrayendo, y, hasta el juicio final, seguirá atrayendo a los hombres pecadores de nuevo hacia Él, todo con el propósito de darse la gloria a sí mismo. Cuando los pecadores son salvos, Dios es glorificado porque la salvación costó la vida de su propio Hijo, el precio incalculable que estuvo dispuesto a pagar en su gracia magnánima.

Es mediante la participación en ese plan redentor que los creyentes más glorifican a Dios. Pablo declaró que "Dios estaba en Cristo reconciliando consigo al mundo, no tomándoles en cuenta sus pecados, y nos encargó a nosotros la palabra de la reconciliación" (2 Co. 5:19).

Nuestra gran misión en la Iglesia es amar, aprender y vivir con el fin de llamar a hombres y mujeres para que vayan a Jesucristo. Como creyente que realmente desea glorificar a Dios y honrar su voluntad y propósito supremos, usted dará a conocer el amor de Dios por los perdidos y participará en su misión para redimirlos. Cristo vino al mundo con el fin de atraer a los pecadores hacia sí mismo para su gloria y la del Padre. Como representante de Cristo, usted mismo es enviado al mundo con el mismo propósito: dar gloria y honra a Dios.

Si el propósito principal de Dios para los creyentes fuera tener una comunión amorosa, nos llevaría de inmediato al cielo donde la comunión espiritual es perfecta, libre de pecado, disonancia o soledad. Si su propósito principal para nosotros fuera que aprendiéramos su Palabra, también nos llevaría de inmediato al cielo, el único lugar donde podemos conocer su Palabra a la perfección. Y si su objetivo principal para nosotros fuera que le diéramos alabanza, nos llevaría al cielo, donde la alabanza es perfecta y sin fin.

Hay una sola razón por la que el Señor permite que su Iglesia permanezca en la tierra: para alcanzar a los perdidos, así como la única razón por la que Cristo vino a la tierra fue para buscar y salvar a los perdidos (Lc. 19:10). "Como me envió el Padre", declaró, "así también yo os envío" (Jn. 20:21). Por lo tanto, un creyente que no se ha comprometido a ganar a los perdidos para Jesucristo debería revisar su relación con el Señor.

Hoy somos bendecidos con medios increíbles para proclamar el mensaje salvador de Cristo. Sin embargo, al igual que muchas personas en el mundo actual, muchos creyentes están a menudo paralizados por preocupaciones egocéntricas. Como resultado, no se preocupan ni entienden que el Señor llama a cada creyente a ser un instrumento en el cumplimiento de la misión suprema de la Iglesia. De eso trata la Gran Comisión: "Id, y haced discípulos a todas las naciones" (Mt. 28:19). Hacer discípulos es evangelizar, llevar a los hombres y a las mujeres a Jesucristo. Al igual que los primeros discípulos, cuando Jesús nos llamó a Él, también nos llamó para evangelizar a otros.

UN LLAMAMIENTO MUY ESENCIAL

Dios llama a todos los creyentes de una manera similar. Primero, nos llama a la salvación, lo cual hace que sea eficaz cualquier otro llamamiento al servicio. Luego, nos llama de forma progresiva a un servicio más específico y cada vez mayor. Los primeros hombres que Jesús llamó fueron Pedro y Andrés, seguidos de Jacobo y Juan:

> *"Andando Jesús junto al mar de Galilea, vio a dos hermanos, Simón, llamado Pedro, y Andrés su hermano, que echaban la red en el mar; porque eran pescadores. Y les dijo: Venid en pos de mí, y os haré pescadores de hombres. Ellos entonces, dejando al instante las redes, le siguieron. Pasando de allí, vio a otros dos hermanos, Jacobo hijo de Zebedeo, y Juan su hermano, en la barca con Zebedeo su padre, que remendaban sus redes; y los llamó. Y ellos, dejando al instante la barca y a su padre, le siguieron" (Mt. 4:18-22).*

Cuando Jesús llamó a los primeros discípulos, reunió a la tripulación inicial de pescadores de su Iglesia. Fueron los primeros del grupo original de evangelistas que llamó para cumplir la Gran Comisión. Fueron sus primeros compañeros de ministerio. Él tenía el poder y el derecho de proclamar Él solo el evangelio, pero no era su plan. Desde el comienzo de su ministerio, su plan era utilizar a sus discípulos para hacer discípulos. El primer llamamiento que les hizo fue: "Venid en pos de mí, y os haré pescadores de hombres".

Ese llamamiento a dar fruto en el evangelismo se extiende a

todo el que pertenece a Jesucristo. Hablando de todos los cristianos, Pedro escribió: "Mas vosotros sois linaje escogido, real sacerdocio, nación santa, pueblo adquirido por Dios, para que anunciéis las virtudes de aquel que os llamó de las tinieblas a su luz admirable" (1 P. 2:9). Cristo manda a todos sus seguidores a cumplir con este deber y privilegio.

Hay una serie de características que hacen que uno sea un buen pescador y que nos ayudan también a ser buenos evangelistas. Primero, un pescador debe ser paciente porque sabe que a menudo toma tiempo encontrar un banco de peces. Segundo, debe ser perseverante. No es solo cuestión de esperar pacientemente en un mismo lugar confiando que con el tiempo aparezcan algunos peces. Los pescadores deben trasladarse de un lugar a otro hasta que al fin los encuentran. Tercero, deben tener buen instinto para ir al lugar correcto y echar la red en el momento oportuno. Debido a la mala coordinación, se ha perdido más de una presa, tanto de peces como de hombres. La cuarta característica es la valentía. Los pescadores comerciales, como los del Mar de Galilea, se enfrentaban con frecuencia a un peligro importante de tormentas y diversos percances. Quinto, un buen pescador se mantiene fuera de vista tanto como pueda. Es muy fácil para nosotros interponernos en el camino de nuestro testimonio, pero eso puede hacer que las personas se alejen. Por eso, un buen ganador de almas, al igual que el buen pescador, se mantiene lejos del panorama tanto como sea posible.

La razón es que el Señor es quien nos da el poder para testificar y también nos permite entrenar a otros para que sean sus testigos. En otras palabras, les da poder a sus discípulos para discipular, así como les prometió en la Gran Comisión: "Toda potestad me es dada en el cielo y la tierra. Por tanto, id y haced discípulos a todas las naciones" (Mt. 28:18-19). Ahora, nos ocuparemos de ese tema.

ELEMENTOS DE LA GRAN COMISIÓN

Según registra Mateo, el mensaje final de nuestro Señor menciona cinco elementos explícitos o implícitos que son necesarios para que sus seguidores cumplan su misión suprema en la tierra. Nos convertimos en testigos eficaces de la verdad del evangelio cuando estamos disponibles para Dios, tenemos una actitud de adoración, nos sometemos a Él, le obedecemos y dependemos de su poder.

Estar disponible

Mateo escribe: "Los once discípulos se fueron a Galilea, al monte donde Jesús les había ordenado" (Mt. 28:16). Los tres primeros elementos para cumplir eficazmente la misión de la Iglesia son actitudes, y los once discípulos demostraron implícitamente esta primera al estar donde el Señor les había dicho que estuvieran.

Como alguien dijo con astucia hace muchos años: "La mayor capacidad es la disponibilidad". El cristiano más talentoso y dotado es inútil para Dios si no está disponible para que lo use, así como las más grandes bendiciones de Dios no están disponibles para quienes no están presentes para recibirlas. El discipulado fiel comienza siempre con estar disponible para Dios.

Tanto antes como después de la resurrección, Jesús dijo que se reuniría con sus discípulos en Galilea (Mt. 26:32; 28:7, 10). Había llamado a un gran grupo de seguidores con el propósito de enviarlos a alcanzar el mundo y ya estaban reunidos en el lugar que les había señalado.

No se nos dice quién estaba presente cuando Jesús les dio la Gran Comisión, pero es probable que fuera el grupo de más de 500 personas que Pablo menciona en 1 Corintios 15:6. Como la Gran Comisión es para todos los que conforman la Iglesia, Jesús quería dársela sin duda al mayor número de seguidores fieles. Los 500 llegaron con todas sus debilidades, confusión, dudas, desazón y temores. Puede que no fueran las personas más capaces o brillantes, pero estaban disponibles, donde el Señor quería que estuvieran, listos para servir. Al igual que Isaías después de su visión en el templo, dijeron: "Heme aquí, envíame a mí" (Is. 6:8).

Para sentirse verdaderamente realizado en esta vida, hay que estar disponible para Dios y ofrecerle su tiempo, talentos, dones y recursos para que los utilice como desea. Puesto que las personas que se habían reunido en la montaña estaban disponibles, tuvieron el privilegio de encontrarse con el Cristo resucitado, ser enviados, y recibir promesas de su presencia y poder.

Tener una actitud de adoración

"Y cuando le vieron, le adoraron; pero algunos dudaban. Y Jesús se acercó y les habló" (Mt. 28:17-18). El segundo elemento implícito es la actitud de adoración genuina.

Cuando Jesús apareció y los discípulos lo vieron, le adoraron. Cuando vieron a Jesús resucitado en la ladera del monte, desapareció su confusión y se restauraron sus sueños destrozados.

No obstante, y de modo sorprendente, algunos todavía "dudaban". Mateo no indica quiénes fueron ni por qué dudaban. Es probable que no estuvieran seguros de que la persona que se les había aparecido fuera en verdad el Cristo físicamente resucitado. De este gran grupo, solo lo habían visto antes los once discípulos y algunas de las mujeres que habían ido a la tumba. Quizás los que estaban en la parte de atrás no podían verlo con claridad y se resistían a creer en esta verdad asombrosa sin tener evidencia firme.

Para aliviar esta duda, Jesús se les acercó amablemente y les habló. Fuera cual fuera la vacilación y quiénes fueran los que dudaban, el Señor se les acercó y cuando su voz conocida sonó en sus oídos una vez más, desapareció la incertidumbre. Entonces, quienes habían dudado cayeron de rodillas y se unieron a los demás en adoración. Toda su atención se centró en Cristo. Esa es la esencia de la verdadera adoración: una mente centrada, sin obstáculos ni reservas, en Jesucristo como Señor y Salvador.

Ser sumiso

Entonces, Jesús les dijo: "Toda potestad me es dada en el cielo y la tierra" (Mt. 28:18). Su declaración se centra en su señorío soberano, pero en el contexto también se refiere claramente a la respuesta de los creyentes ante su gobierno.

Antes de que el Señor les diera la Gran Comisión, estableció su autoridad divina para hacerlo. Es por su poder soberano que sus seguidores deben ser completa y humildemente sumisos a su voluntad.

La autoridad soberana que el Padre celestial le dio a Jesús (ver Mt. 11:27; Jn. 3:35) es absoluta y universal. Él tiene autoridad para llevar a todas las personas ante el tribunal de Dios y condenarlos a la muerte eterna o darles vida eterna (Jn. 5:27-29; 17:2). Él tenía la autoridad para entregar su propia vida y volverla a tomar (Jn. 10:18). Él tiene la autoridad soberana para gobernar en el cielo y en la tierra, y someter a Satanás y sus demonios al tormento eterno en el lago de fuego (Ap. 19:20; 20:10).

Antes de darles la comisión, Jesús tuvo que establecer primero su autoridad absoluta. De lo contrario, el mandato les habría parecido a los discípulos imposible de cumplir y podrían haberlo ignorado. Sin saber que tenían el mandato soberano del Señor, así como sus recursos sobrenaturales para guiarlos y capacitarlos, los 500 discípulos insignificantes e impotentes se habrían sentido completamente abrumados ante la tarea de hacer discípulos para su Señor en todas las naciones de la tierra.

La sumisión a la soberanía absoluta de Jesucristo no es una opción, es nuestra obligación suprema. Debemos tener la actitud: "Haré lo que el Señor mande", lo cual nos lleva directamente al siguiente punto.

Ser obediente

Aquí, Jesús nos da la esencia de la Gran Comisión: "Por tanto, id, y haced discípulos a todas las naciones, bautizándolos en el nombre del Padre, y del Hijo, y del Espíritu Santo, y enseñándoles que guarden todas las cosas que os he mandado" (28:19-20). El cuarto elemento para el cumplimiento eficaz de la misión de la Iglesia es la obediencia al mandato del Señor, lo cual solo es posible cuando las actitudes de disponibilidad, adoración y sumisión caracterizan su vida.

La expresión de transición es "por tanto". Puesto que Jesús es el Señor soberano del universo, tenía la autoridad para mandar a sus seguidores a ser sus testigos y el poder que les permitía obedecer el mandato.

"Haced discípulos" es el verbo principal y el mandato central de los versículos 19 y 20. El significado de la raíz del término se refiere a creer y aprender. En este contexto, se relaciona con quienes ponen su confianza en Jesucristo y lo siguen en aprendizaje y obediencia continuos. Jesús dijo: "Si vosotros permaneciereis en mi palabra, seréis verdaderamente mis discípulos" (Jn. 8:31).

La Gran Comisión es un mandato para llevar a los incrédulos de todo el mundo al conocimiento salvador de Jesucristo, y el término que el Señor usó fue "haced discípulos". El converso verdadero es un discípulo, una persona que ha aceptado a Jesucristo y se somete a Él, cueste lo que cueste. La persona verdaderamente convertida recibe el don del Espíritu Santo y también una nueva naturaleza que anhela obedecer y adorar al Señor que lo salvó (Ro. 7).

Por tanto, el mandato supremo de Jesús es que sus discípulos se conviertan en sus instrumentos con el fin de hacer discípulos en todas las naciones. Quienes verdaderamente siguen a Jesucristo llegan a ser "pescadores de hombres" (Mt. 4:19). Los que se convierten en sus discípulos, deben convertirse también en sus instrumentos para hacer discípulos. La misión de la iglesia primitiva era hacer discípulos (ver Hch. 2:47; 14:21), y esa sigue siendo hoy la misión de Cristo para su Iglesia.

Los requisitos específicos que Jesús da para hacer discípulos implican expresiones verbales que modifican el verbo principal: vayan (traducido como "id"), "bautizándolos" y "enseñándoles".

El primer requisito deja claro que la Iglesia no debe esperar a que el mundo llegue a su puerta, sino que debe *ir* hacia éste. El participio griego se traduce mejor como "habiendo ido", lo cual sugiere que este requisito no es tanto un mandato, sino un supuesto.

El segundo requisito para hacer discípulos es "bautizándolos en el nombre del Padre, y del Hijo, y del Espíritu Santo". Bautizar significa literalmente sumergir en agua. De hecho, varios grupos judíos practicaban ciertas formas de bautismo como símbolo de limpieza espiritual desde hacía mucho tiempo. El bautismo de Juan el Bautista simbolizaba arrepentimiento del pecado y la vuelta a Dios (Mt. 3:6). Sin embargo, tal como lo instituyó Cristo, el bautismo se convirtió en un acto externo de identificación con Él mediante la fe, un testimonio visible y público de que la persona le pertenecía.

El bautismo no tiene parte en la salvación, pero es una respuesta a la salvación, ordenada y establecida por Dios. Una persona se salva solo por la gracia de Dios que obra a través de su fe como un don de Dios (Ef. 2:8). Pero por propia declaración de Dios, el acto del bautismo es una señal divinamente instituida de la identificación del creyente con su Hijo, el Señor Jesucristo. El bautismo es un acto de fe y obediencia que Dios nos manda hacer. El llamamiento de Cristo no es solo a ser salvos, sino también a obedecer, por lo que el bautismo en su nombre debería ser el primer acto público de obediencia.

El tercer requisito para hacer discípulos en todas las naciones es "enseñándoles que guarden todas las cosas que os he mandado". La misión de la Iglesia no es simplemente convertir a las personas, sino también enseñarles. Dios llama al nuevo creyente a una vida de obediencia, lo cual significa que es necesario saber lo que Él exige. Como ya hemos señalado, un discípulo es por definición un alumno y un seguidor. Por lo tanto, estudiar, entender y obedecer "todo el consejo de Dios" (Hch. 20:27) es la tarea de toda la vida de cada discípulo verdadero.

Jesús no dedicó tiempo a enseñar solo para entretener a las multitudes o para revelar verdades interesantes pero sin importancia acerca de Dios, o para establecer normas ideales aunque optativas de obediencia. Su primera misión fue hacer discípulos; la segunda, enseñarles la verdad para que pudieran vivirla.

Al comienzo de su ministerio con Cristo, ninguno de los discípulos tenía pasión por las almas ni por ninguna otra parte de la obra del Señor. De hecho, su respuesta ante la incredulidad fue pedir la destrucción divina e instantánea (ver Lc. 9:51-56). La pasión llegó solo después de entender y obedecer. Desarrollaron compasión, humildad, entendimiento, paciencia y amor en la medida que aprendían de Jesucristo y le obedecían. La obediencia es la chispa que enciende el fuego de la pasión. La forma de generar amor por las almas es obedecer el llamado de Jesús de ganarlas. Cuando lo haga, Dios encenderá la chispa de la obediencia hasta que se convierta en una gran llama de pasión.

Depender del poder de Dios

Jesús termina la Gran Comisión declarando: "Yo estoy con vosotros todos los días, hasta el fin del mundo" (Mt. 28:20). Si bien los primeros cuatro elementos para el cumplimiento eficaz de la misión de la Iglesia son fundamentales, serían inútiles sin el poder que el Señor Jesucristo ofrece a través de su presencia continua con los creyentes.

Una forma útil de mantener la vida y el trabajo espiritual de usted en la perspectiva correcta y sujetarse al poder de Dios continuamente en vez de confiar en su propia capacidad, es orar de esta manera: "Señor, yo sé que tú te preocupas más que yo por este asunto que estoy enfrentando, por lo que sabes qué es lo mejor. Señor, tú amas a esta persona más que yo y solo tú puedes llegar a su corazón y salvarla, así que ayúdame a testificar solo en la medida que tú me guías y me permites hacerlo. Señor, tú estás más interesado por la verdad y la integridad de tu Palabra santa que yo, así que, por favor, dame fuerzas en mi corazón y mente para enseñar las Escrituras con precisión".

Jesús no se limitó a mandar a sus discípulos a *ser* pescadores de hombres, sino que les prometió que los *haría* pescadores de hombres. Como más tarde dejaría claro en más de una ocasión, esta promesa también era una advertencia. No solo estaba dispuesto a hacerlos discipuladores, sino que, sin su poder, nunca podrían lograrlo ni podrían ser discípulos eficaces. "Yo soy la vid, vosotros los pámpanos; el que permanece en mí, y yo en él, éste lleva mucho fruto; porque separados de mí nada podéis hacer" (Jn. 15:5).

UN EJEMPLO A SEGUIR

En la enseñanza y ejemplo de Jesús, podemos ver los principios que cada ganador de almas debe imitar. Primero, Jesús estaba disponible. Parece increíble que el Hijo de Dios, que tenía tan poco tiempo para enseñar y entrenar a unos discípulos lentos en aprender, estuviera tan abierto a quienes acudieron a Él en busca de consuelo o sanidad. Sin embargo, nunca rechazó una petición de ayuda.

Segundo, Jesús no mostró favoritismo. Los pobres y los marginados podían acercarse a Él con la misma facilidad que los ricos y poderosos. El influyente Jairo y el poderoso centurión romano no tuvieron ventaja sobre la samaritana de Sicar o la mujer sorprendida en adulterio.

Tercero, Jesús era completamente sensible a las necesidades de quienes lo rodeaban. Siempre reconocía a un pecador verdaderamente arrepentido. Cuando somos sensibles al Espíritu de Cristo, Él nos hace sensibles a los demás y nos lleva a ellos o los trae.

Cuarto, Jesús lograba generalmente una confesión o un testimonio público. A veces, dio instrucciones específicas, como lo hizo con el hombre a quien liberó de los demonios (Mr. 5:19). En otras ocasiones, el deseo de dar testimonio fue espontáneo, como sucedió con la mujer de Sicar (Jn. 4:28-29).

Quinto, Jesús mostró amor y ternura a quienes quería ganar. De nuevo, su experiencia con la mujer de Sicar es un ejemplo hermoso, pues no solo era una marginada religiosa a los ojos de los judíos, sino también una adúltera. Sin embargo, Jesús la llevó al lugar de la fe con amabilidad y firmeza. A través de ella, se salvaron muchos samaritanos (Jn. 4:7-42).

Por último, a diferencia de muchos de sus seguidores, Jesús siempre tuvo tiempo para los demás. Algunos obreros cristianos están tan ocupados con "la obra del Señor" que no tienen tiempo para otros, a pesar de que fue una característica principal del ministerio de Jesús. Incluso cuando se dirigía a curar a la hija de Jairo, Jesús dedicó tiempo a sanar a la mujer que había tenido flujo de sangre durante doce años (Mr. 5:21-34).

EVANGELISMO Y SACRIFICIO

Al igual que la vida cristiana en general, ganar almas implica sacrificio. Jesús dijo: "Porque todo el que quiera salvar su vida, la perderá; y todo el que pierda su vida por mi causa, la hallará" (Mt. 16:25). Al salvar a otros, nos perdemos; al perdernos nosotros mismos en la tarea, seremos útiles para encontrar a los demás. Si usted quiere alcanzar al mundo, debe estar dispuesto a ser rechazado por el mundo, así como nuestro Señor venció la muerte al someterse a la misma.

En cierto sentido, una vida de evangelismo implica sacrificar lo mayor por lo menor, lo digno por lo indigno. La Palabra de Dios es clara cuando dice que si estamos comprometidos con la salvación de quienes no conocen a Jesucristo, nos perderemos con el fin de alcanzarlos. Alcanzar a los perdidos para Cristo es difícil y exigente, y los resultados son con frecuencia lentos y las recompensas se demoran. Aquellos a los que damos testimonio se resisten con frecuencia al evangelio, e incluso otros creyentes pueden ridiculizar nuestro testimonio fiel.

En su libro de lecturas devocionales *Quiet Talks with World Winners* [Conversaciones íntimas con ganadores mundiales] (Nueva York: Eaton & Mains, 1908), S. D. Gordon relató la historia de un grupo de escaladores aficionados que pensaban subir el macizo del Mont Blanc en los Alpes suizos. La noche previa al ascenso, los guías explicaron brevemente el prerrequisito para el éxito. Dijeron que debido a la dificultad de la subida, podrían llegar a la cima si llevaban solo el equipo necesario, dejando atrás los accesorios superfluos.

Un joven inglés no hizo caso y decidió subir la montaña con una manta, una pequeña caja de vino, una cámara, unos cuadernos de notas y un bolsillo lleno de comida para picar. Camino a la cima, los demás escaladores empezaron a ver varios elementos tirados en el camino: primero la comida y el vino, un poco más adelante, los cuadernos de notas y la cámara, y, finalmente, la manta. El joven logró llegar a la cima, pero, tal como habían previsto los guías, lo consiguió solo cuando descartó los accesorios innecesarios.

Gordon hizo la siguiente aplicación a la vida cristiana: "Muchos de nosotros, cuando nos damos cuenta de que no podemos llegar a la cima con nuestras cargas, cambiamos de plan, armamos nuestras carpas en la llanura y nos establecemos con nuestros pequeños planes y accesorios. La llanura parece estar bastante llena de carpas" (p. 55). La pregunta que usted debe hacerse es: ¿Los accesorios innecesarios están impidiendo que cumpla la misión que Dios me ha dado?

Tal vez esta historia real le ayude en su respuesta. Si quiere formar parte de la tripulación de salvamento de Dios, mire el ejemplo de John Harper, pastor de la Iglesia Moody en Chicago a comienzos de la década de 1900 y, más tarde, pasajero del *Titanic*. Su persona atrajó la atención del mundo cristiano después del hundimiento de aquel transatlántico extraordinario en 1912. Cuatro años después de la tragedia, un joven escocés se levantó en una reunión y dijo que era un sobreviviente del *Titanic*, así que empezó a contar su historia. Poco después de que la nave chocara contra el iceberg, John Harper se apoyó en una baranda y le rogó a este joven que aceptara a Cristo. Más tarde, cuando iba a la deriva sobre un pedazo de madera, se encontró a Harper de nuevo abrazado a un trozo de los restos del naufragio. Una vez más, Harper le animó a recibir a Cristo, pero el joven se negó. La marea los acercó otra vez y Harper le preguntó si ya era salvo. Poco tiempo después, Harper desapareció bajo el agua. Fue entonces cuando el joven decidió confiar en Cristo como Salvador. En la reunión, se identificó como el último converso de John Harper.

Ser un testigo de Cristo y del evangelio es una experiencia gratificante, pero no es una tarea fácil. Sin embargo, se nos ordena que lo hagamos, incluso hasta el día de nuestra muerte. Si usted quiere permanecer firme en nada más que en la verdad, espero que se sienta motivado a cumplir la Gran Comisión.

11

CÓMO TESTIFICAR

En la década de 1960, cuando yo era pastor asistente en la iglesia que lideraba mi padre, aprendí una lección inolvidable sobre lo que significa ser un testigo presencial.

Durante un día más bien tranquilo, la secretaria entró corriendo por la puerta del templo y grito:

—¡Hay una pelea en el estacionamiento!

Salí de inmediato para ver qué estaba pasando. A unos quince metros de la puerta, vi a un hombre que estaba en el suelo, mientras otros dos lo pateaban y lo golpeaban. En ese momento, me di cuenta de la gravedad del asunto, por lo que intervine.

—¡Eh, ustedes! ¡Basta ya! ¡Dejen de pelear! —grité.

Como no respondían, pensé: *Bueno, tal vez no me oyeron*, así que grité más fuerte:

—¡Basta ya! ¡Sepárense!

Aún no respondían, así que me acerqué y pude oír que uno de ellos decía:

—¡Mátalo, mátalo!

Entonces, comprendí que estaba observando algo más que una pelea común: estaba siendo testigo de un intento de asesinato. También me di cuenta de que la víctima estaba cubierta de sangre, por lo que no podía distinguir su rostro.

Uno de los asaltantes, un obrero portuario de más de 1,80 m de alto y 100 kilos de peso y que jugaba rugby, me miró y me preguntó:

—¿Qué quieres?

Me quedé momentáneamente paralizado del miedo, debido a su tamaño, pero me controlé y dije:

—¡Basta ya de pelear! ¡Dejen en paz a ese hombre!

El tipo levantó su puño para golpearme, así que, de manera

instintiva, empecé a retroceder hacia el templo. Cuando lo hice, los dos atacantes me siguieron. Seguí (y alejé a los hombres de su víctima), y atravesé la puerta del templo. En ese momento, pensé: No van a entrar. Podré hacer que alguien llame a la policía.

Pero cuando entraron al edificio, mi padre, que había estado estudiando en su oficina todo el tiempo, salió y preguntó:

—¿Qué está pasando aquí?

El tipo grande le respondió levantando el puño para pegar a mi padre, y eso me impulsó a gritar:

—¡Que alguien llame a la policía!

De repente, los dos atacantes se asustaron, salieron corriendo, tomaron a la víctima herida, golpearon su cabeza contra la pared, arrojaron al hombre detrás de un arbusto y se fueron en un auto a toda velocidad. Mientras tanto, pude anotar la matrícula del auto y se la entregué a la policía cuando llegó.

La víctima estaba todavía viva, pero demasiado asustada para presentar cargos contra sus agresores. Ni siquiera declaró en su contra después de que la policía los atrapó. Así que la corte me llamó como testigo del caso.

Siempre recordaré lo que sucedió cuando fui a testificar. El secretario me preguntó en el estrado:

—¿Jura decir la verdad, toda la verdad y nada más que la verdad?

—Lo juro —respondí. Después, un abogado me ordenó que le dijera a la corte lo que había visto, oído y lo que sentí. Esas cosas me habían convertido en testigo, porque realmente vi la agresión en el estacionamiento de la iglesia y traté de detenerla.

¿QUÉ ES UN TESTIGO?

Desde aquella experiencia en el tribunal hace muchos años, he considerado a un testigo de Cristo esa persona que ha visto, oído y sentido su poder. Cualquiera que tenga una relación salvadora con Él, es un testigo viable. Como el apóstol Juan escribió: "Lo que hemos visto y oído os lo anunciamos también a vosotros, para que también vosotros tengáis comunión con nosotros; y nuestra comunión verdaderamente es con el Padre, y con su Hijo Jesucristo" (1 Jn. 1:3).

Por lo general, a un testigo se le define como "una persona que da testimonio sobre algo que ha experimentado". Los tribunales de justicia quieren el testimonio de testigos oculares, no rumores ni declaraciones de testigos secundarios. Información transmitida a través de varias fuentes no se considera un testimonio válido ni fiable. Otra analogía del tribunal dará más luz al respecto y nos ayudará a entender lo que significa ser testigos de Jesucristo.

Un testigo es consciente del tribunal del mundo

Aunque Jesús ya no vive ni ministra en la tierra, sigue en juicio constante ante el tribunal del mundo. Y los incrédulos son, en efecto, el jurado que intenta juzgar a Cristo y sus afirmaciones. La tarea del Espíritu Santo, como abogado defensor de Cristo, es convencer al mundo de que la persona y la obra del Hijo de Dios son verdaderas. Nosotros somos los testigos que el Espíritu llama para testificar en defensa de Cristo.

Cuando usted entiende lo que es un testigo, sabrá que las personas sacarán conclusiones acerca de Cristo basándose en el testimonio de usted. Por lo tanto, es fundamental que comprendamos que el Espíritu Santo nos está llamando a dar testimonio de Cristo en el tribunal del mundo.

Un testigo conoce el elemento de sacrificio

Cualquiera que responde realmente a la citación para testificar acerca de Cristo, reconoce la implicación del elemento de sacrificio. Debería ser así para usted y para mí cuando les llevamos el evangelio a las personas en nuestros barrios, lugares de trabajo y en cualquier lugar del mundo. No podemos esperar confrontar a una sociedad impía y sin Cristo sin recibir, a veces, una reacción negativa.

En una ocasión, tuve la oportunidad de hablar sobre el tema "Cristianismo y cultura" en una gran universidad cerca de mi iglesia en el sur de California. Decidí usar la mayor parte de mi tiempo para presentar lo que equivalía a una conferencia evangelística.

Sabía que la mayoría del público estudiantil no era salvo y, gracias a la obra del Espíritu de Dios, varios jóvenes confiaron posteriormente en Cristo.

Sin embargo, mi conferencia también produjo una serie de reacciones negativas. Desde entonces, se prohibieron los conferencistas cristianos en ese campus; se cerró el foro sobre la libertad de expresión; la universidad no volvió a permitir que los estudiantes tuvieran una mesa de libros cristianos. La respuesta violenta ante mi charla llegó a su punto culminante algún tiempo después, cuando hablé en una universidad cercana. Un grupo de estudiantes que había protestado por mi conferencia en su universidad llegó, rodeó el estrado desde donde yo estaba hablando y trató de silenciarme. Amenazaron con poner una bomba en la iglesia que pastoreo e hicieron llamadas telefónicas obscenas a mi casa en mitad de la noche, incluso amenazaron a mi esposa y familia.

Estas experiencias me ayudaron a comprender un poco más lo que el apóstol Pedro quiso decir cuando escribió: "Si sois vituperados por el nombre de Cristo, sois bienaventurados, porque el Espíritu de gloria y de Dios reposa sobre vosotros" (1 P. 4:14). Yo había experimentado, en pequeña medida, la clase de persecución que soportaron los primeros cristianos. Pero, ciertamente, me sentí muy lejos de sacrificar tanto como algunos misioneros lo han hecho.

Uno de ellos fue John G. Paton, un presbiteriano escocés del siglo XIX, que fue a un grupo de islas en el suroeste del Pacífico, conocidas en ese momento como Nuevas Hébridas, para ganar a los nativos para Cristo. Desde el primer momento, resultó ser una tarea difícil y exigente porque los habitantes de las islas eran caníbales. A decir verdad, era la clase de llamamiento misionero al que la mayoría nos resistiríamos o pediríamos a Dios que enviara a otra persona.

Sin embargo, John Paton y su esposa no discutieron con la voluntad de Dios. Cuando llegaron en barco, tuvieron que remar para llegar a tierra y, después, construyeron un cobertizo pequeño. Durante sus primeras semanas, se quedaron en ese refugio y oraron constantemente por una forma de alcanzar a los caníbales con el evangelio. Y Dios honró su fidelidad en la oración. Años más tarde, uno de los jefes nativos que se convirtió a Cristo le preguntó a Paton quiénes eran los soldados que rodeaban su cobertizo cada noche. Al parecer, Dios protegió a los misioneros con sus santos ángeles.

Durante los primeros meses en las islas, la señora Paton dio a luz a un bebé. Por desgracia, ella y el bebé murieron a los pocos días del nacimiento. John los enterró y tuvo que dormir sobre sus tumbas para evitar que los nativos desenterraran los cuerpos y se los comieran. Estas circunstancias difíciles lo llevaron a enfrentarse cara a cara con la dura decisión de si quedarse o irse.

Paton decidió quedarse e hizo esta observación increíble casi al final de su vida: "No conozco a un solo nativo de estas islas que no haya hecho al menos una profesión de fe en Jesucristo. Cuando llegué por primera vez, oía los gritos de los caníbales; ahora que me voy, escucho el repique de las campanas de la iglesia".

Este es el tipo de resultado final que a veces veremos si estamos dispuestos a sacrificar en nombre del evangelio. No todos seremos como John G. Paton, pero podemos comunicarles las buenas nuevas a los demás, en la medida que Dios nos da la oportunidad, si estamos dispuestos a hacer el sacrificio. Debemos recordar que un mundo hostil va a reaccionar en contra del evangelio y que seremos llamados a pagar el precio, no solo una o dos veces, sino todo el tiempo, a medida que buscamos ser testigos fieles.

POR QUÉ DEBEMOS DAR TESTIMONIO

Con todo el sacrificio y el compromiso que forman parte del evangelismo, y el dolor y la decepción que surgen cuando las personas no responden al evangelio, a menudo resulta tentador que nos sintamos satisfechos con orar, adorar, leer la Palabra y tener comunión con otros creyentes. Después de todo, concluimos, ¿no es Dios quien soberanamente atrae a las personas hacia Él? Sin embargo, no está bien pensar que podemos excusarnos de evangelizar, puesto que Dios nos da razones claras para testificar.

Dios nos manda ser testigos

La primera razón para ser testigos es porque Dios nos dice que lo hagamos. Como vimos en el capítulo anterior, la Gran Comisión de Cristo en Mateo 28:19-20 es tan válida para nosotros como lo fue para los apóstoles. También deberíamos tomarnos en serio su exhortación a los discípulos en Mateo 10:32-33: "A cualquiera, pues, que me confiese delante de los hombres, yo también le confesaré delante de mi Padre que está en los cielos. Y a cualquiera que me niegue delante de los hombres, yo también le negaré delante de mi Padre que está en los cielos". Un seguidor sincero de Jesucristo le confiesa abiertamente ante el mundo. El término "cualquiera" incluye a todos sus discípulos. Ellos están dispuestos a identificarse abiertamente con Cristo dondequiera que estén, ya sea que estén testificando solamente a un amigo o pariente, liderando un estudio bíblico evangelístico o respondiendo a los compañeros de trabajo que son incrédulos.

Una vez, alguien le preguntó al influyente predicador Charles H. Spurgeon:

—Señor Spurgeon, ya que usted cree en la doctrina de la elección, que ciertas personas son elegidas para la salvación, ¿por qué no se limita a predicar a los elegidos?

—Si usted puede andar por ahí y levantar sus camisas para que yo pueda ver si tienen una *E* grabada en su espalda o no, lo haré —respondió Spurgeon.

La idea del predicador era clara: ya que solo Dios sabe quiénes son los elegidos, es nuestra responsabilidad predicarles a todas las personas dentro de nuestro campo de influencia. El Dios soberano hará su parte al atraer a las personas, pero quiere que ejerzamos la fe de un niño y que prestemos atención a su mandamiento de "id y predicad el evangelio a toda criatura" (Mr. 16:15; cp. Hch. 1:8).

Todos tenemos suficiente comprensión doctrinal

Incluso el convertido más reciente de Jesucristo es responsable de ser su testigo. Dios ha mandado a los creyentes que sean testigos de su evangelio, no por la experiencia teológica que tienen, sino sobre todo por lo que han visto, oído y sentido en su relación salvadora con Cristo. Y cualquier creyente, en cualquier etapa del crecimiento cristiano, puede testificar sobre esas realidades. Puede que usted sepa solamente que Jesús lo salvó, pero eso es suficiente para ser un testigo eficaz.

Cada domingo por la noche como parte de nuestro culto en *Grace Community Church*, donde he tenido el privilegio de servir como pastor por más de 30 años, celebramos bautismos. Los testimonios de quienes se bautizan son siempre poderosos y conmovedores, y nunca hablan en términos teológicos sublimes ni participan en discusiones doctrinales profundas. Se limitan a describir cómo eran antes de la salvación, cómo Dios los llevó al arrepentimiento y a la fe, y cómo han cambiado desde entonces.

Algunos testimonios son muy dramáticos, como el del antiguo jefe de un grupo de motociclistas conocidos como los ángeles del infierno que fue a la cárcel por asesinato en segundo grado, pero, casi al final de su sentencia, se entregó a Cristo. Algunos son más comunes, como quienes dicen ser personas buenas y morales que tenían vidas sin significado ni satisfacción, hasta que Cristo los transformó.

Sin importar los detalles de los diversos testimonios, todos ellos hablan del poder transformador del evangelio y demuestran que testificar empieza con palabras sencillas acerca de cómo Jesús puede cambiar vidas. No se preocupan por exponer temas complejos o por responder a preguntas y objeciones difíciles. Esa preocupación se hace más fácil de manejar a medida que crecemos en el Señor. Pero al principio, es importante declarar la verdad de una vida cambiada.

LOS ELEMENTOS DE UN TESTIMONIO EFICAZ

A lo largo del camino, casi todos hemos experimentado ciertas frustraciones al testificar. Para empezar, pudimos haber tenido problemas para identificar los elementos básicos del buen evangelismo y saber cómo pueden marcar una diferencia positiva en nuestro testimonio. Pero como usted podrá comprobar a continuación, esos ingredientes no son tan difíciles de reconocer y son totalmente consecuentes con los principios de la Palabra de Dios.

El testimonio colectivo de una iglesia pura

El testimonio colectivo (o la reputación de integridad espiritual) de su iglesia local es fundamental para sus esfuerzos personales por testificar en la comunidad. La pureza de ese testimonio establece las bases para la reacción de las personas ante su presentación del evangelio (cp. Jn. 13:34-35).

Un testimonio colectivo pecaminoso de creyentes profesos puede tener un efecto devastador en el alcance evangelístico. Suponga que la iglesia en la que se congrega está en crisis porque el pastor se fugó con su secretaria hace poco. Luego imagine que los medios de comunicación locales se hacen con la historia y la divulgan a toda la comunidad.

Dada la situación, sería muy difícil que usted pudiera hablar sobre el Señor con alguien del trabajo, de la escuela o con un vecino que se enteró del escándalo. Cuando comience a presentarle el evangelio, sería comprensible que esa persona le interrumpiera y le dijera algo como: "Va a la iglesia donde el pastor acaba de fugarse con la secretaria, ¿no? Bueno, no quiero escuchar nada más de lo que me quiere decir".

Creo que la idea es muy clara. La calidad del testimonio colectivo de la iglesia determina en gran medida cuán creíbles son los testimonios individuales de sus miembros. Por eso, es imprescindible que los creyentes tengan vidas que honren constantemente al Señor (cp. 1 P. 2:12) y que ayuden a nuestras iglesias a mantener testimonios colectivos puros.

El testimonio individual de una vida pura

La pureza de su testimonio individual tendrá mayor efecto en su hogar al vivir usted día tras día con fidelidad y al establecer un ejemplo de rectitud para los miembros de su familia. A menos que vean con frecuencia la virtud y el carácter de Cristo en su vida, será muy difícil (humanamente hablando) alcanzarlos con el evangelio. El mismo principio es válido cuando se trata de ganar para el Señor a vecinos, compañeros de trabajo y familiares. El Espíritu Santo es la persona principal que atrae a alguien a Cristo, pero nosotros no debemos ser un obstáculo para ese trabajo.

En 1 Pedro 2:15 leemos: "Porque esta es la voluntad de Dios: que haciendo bien, hagáis callar la ignorancia de los hombres insensatos". Muchos incrédulos quieren calumniar el cristianismo, pero nuestros testimonios intachables callan las bocas de los críticos y tal vez puedan ser el comienzo de su camino hacia la fe salvadora. Debemos esforzarnos continuamente, con la ayuda del Señor, por tener testimonios puros que demuestren al mundo la integridad irreprochable y consecuente de la vida cristiana. No podemos vivir en perfección sin pecado, pero sí podemos vivir con una sinceridad recta que comunique a los demás: "Sin duda, yo fallo. Pero me vuelvo a Dios, y Él me perdona y me ayuda a superar mis fracasos". Tal autenticidad le agrada a Dios y prepara el camino para un tercer elemento importante en el testimonio eficaz.

El reconocimiento del poder del Espíritu Santo

Un testigo eficaz reconoce también que él/ella depende del poder del Espíritu Santo para dar fruto. Comprender esa verdad importante al comunicar el evangelio a otros impide que se manipule a las personas, como aquellas que pueden estar nerviosas o ser susceptibles a nivel psicológico, debido a su necesidad espiritual.

Los evangelistas hábiles no salvan a nadie, aunque muchos han engañado con eficacia a los individuos fabricando así "profesiones de fe" en Cristo. Las Escrituras dejan claro que la salvación es una obra sobrenatural de Dios (cp. Jon. 2:9; Jn. 1:12-13; 3:5-8; 6:44; Ef. 2:4-5; Tit. 3:5). Lucas citó un ejemplo de esta verdad en el libro de Hechos: "Entonces una mujer llamada Lidia, vendedora de púrpura, de la ciudad de Tiatira, que adoraba a Dios, estaba oyendo; y el Señor abrió el corazón de ella para que estuviese atenta a lo que Pablo decía" (16:14). El apóstol Pablo predicó el evangelio a un grupo de personas a las afueras de Filipos y Dios abrió el corazón de Lidia para que recibiera la buena noticia. No fue la predicación persuasiva la que la llevó a la salvación, sino la obra del Espíritu en su corazón.

A veces me preguntan si me angustio cuando las personas no siempre responden ni reciben a Cristo como Señor y Salvador cuando les predico el evangelio. Les digo que tengo una sensación de tristeza y decepción, pero también señalo que Dios no me llama a salvarlas, solo quiere que les predique el evangelio. Salvar a las personas es tarea de Dios.

Si hemos sido fieles presentando el evangelio de forma clara y en oración, eso es todo lo que podemos hacer. Dios no quiere que usurpemos el papel del Espíritu Santo (tampoco podemos) ni que convenzamos a las personas a nivel emocional para lograr una respuesta que no es genuina. Antes bien, Él quiere que encomendemos los resultados de nuestros testimonios a la obra soberana de su Espíritu.

Sin duda, el trabajo inicial de convencer a los hombres y a las mujeres de pecado, justicia y juicio pertenece al Espíritu Santo, tal como Jesús dijo a sus discípulos:

> *"Pero yo os digo la verdad: Os conviene que yo me vaya; porque si no me fuera, el Consolador no vendría a vosotros; mas si me fuere, os lo enviaré. Y cuando él venga, convencerá al mundo de pecado, de justicia y de juicio. De pecado, por cuanto no creen en mí; de justicia, por cuanto voy al Padre, y no me veréis más; y de juicio, por cuanto el príncipe de este mundo ha sido ya juzgado" (Jn. 16:7-11).*

Además, solo el Espíritu Santo tiene el poder de iluminar a las personas a nivel espiritual. Pablo citó Isaías 64:4 cuando instruyó a la iglesia de Corinto: "Antes bien, como está escrito: Cosas que ojo no vio, ni oído oyó, ni han subido en corazón de hombre, son las que Dios ha preparado para los que le aman. Pero Dios nos las reveló a nosotros por el Espíritu; porque el Espíritu todo lo escudriña, aun lo profundo de Dios" (1 Co. 2:9-10; cp. vv. 11-16).

Las personas que no son salvas no pueden entender por su propio intelecto las bendiciones y beneficios de la salvación. Tal comprensión no está disponible para ellas de forma objetiva ni subjetiva, no es algo que puedan entender ni inferir simplemente por voluntad e iniciativa humana. Por lo tanto, cuando testifique a alguien, debe permitirle al Espíritu de Dios que haga su obra. Entonces, recibirá ánimo y recompensa al saber que el Espíritu Santo le usará a usted en las vidas de quienes no conocen a Cristo.

LA PRESENTACIÓN DEL EVANGELIO

Cuando tenemos una comprensión sólida de la definición de qué es un testigo, cuáles son las razones principales por las que debemos testificar y cuáles son los elementos fundamentales que forman parte de un testimonio eficaz, debemos saber qué temas hemos de incluir en una presentación completa y bíblica del evangelio. Al pasar del ámbito académico al práctico, usted debe preguntarse: *Si quiero comunicar el evangelio de la forma más clara y precisa que pueda, ¿qué puntos debo asegurarme de incluir en cualquier presentación?* Encontrará la respuesta en una lista básica de seis verdades que están cimentadas de forma clara y rigurosa en la Palabra de Dios. De hecho, mientras mencionamos estas verdades y sus principios, dejaremos que los pasajes de las Escrituras hablen por sí mismos.

La santidad de Dios

El primer elemento que debe quedar bien claro en una presentación evangelística es que Dios es un Dios santo que exige respeto y temor reverencial: "El principio de la sabiduría es el temor de Jehová" (Sal. 111:10; cp. Job 28:28; Pr. 1:7; 9:10; 15:33; Mi. 6:9). Gran parte del evangelismo contemporáneo olvida este punto por completo y, en su lugar, comienza con declaraciones engañosas sobre el amor de Dios y su plan para la vida de alguien. Para los pecadores incrédulos, ese plan es desastroso eternamente. Debemos responder a este tipo de pensamiento con un énfasis adecuado que se basa en las verdades bíblicas respecto a la santidad de Dios.

Puesto que Dios es perfectamente santo, su ley exige santidad perfecta: "Porque yo soy Jehová vuestro Dios; vosotros por tanto os santificaréis, y seréis santos, porque yo soy santo… seréis, pues, santos, porque yo soy santo" (Lv. 11:44-45). "¿Quién podrá estar delante de Jehová el Dios santo?" (1 S. 6:20; cp. Jos. 24:19).

El Nuevo Testamento también exige santidad: "Sin la cual [la santidad] nadie verá al Señor" (He. 12:14). "Porque escrito está: Sed santos, porque yo soy santo" (1 P. 1:16).

El Dios santo odia el pecado y, por lo tanto, los pecadores no pueden estar en su presencia: "Yo soy Jehová tu Dios, fuerte, celoso, que visito la maldad de los padres sobre los hijos hasta la tercera y cuarta generación de los que me aborrecen" (Éx. 20:5). "Por tanto, no se levantarán los malos en el juicio, ni los pecadores en la congregación de los justos" (Sal. 1:5).

La realidad del pecado del hombre

El segundo hecho que se incluye en una buena presentación del evangelio es la realidad del pecado humano. Lamentablemente, ahora muchos métodos evangelísticos populares le restan importancia al pecado o lo ignoran. Simplemente, ofrecen "salvación" como una vía de escape del castigo, una forma de tener una vida plena con relaciones maravillosas y una promesa de perdón gratuito. Esos son los resultados genuinos de la salvación, pero si hacemos que sean el atractivo principal de nuestro testimonio, dejamos de tratar el pecado y nuestro mensaje se altera seriamente. Ofrecer la salvación a quienes no entienden la gravedad del pecado nos hace poco mejores que los falsos profetas del tiempo de Jeremías: "Y curan la herida de mi pueblo con liviandad, diciendo: Paz, paz; y no hay paz" (Jer. 6:14).

Todas las personas, sin excepción, han pecado. El apóstol Pablo, al citar el Antiguo Testamento, lo deja perfectamente claro:

> *"Como está escrito: No hay justo, ni aun uno; no hay quien entienda, no hay quien busque a Dios. Todos se desviaron, a una se hicieron inútiles; no hay quien haga lo bueno, no hay ni siquiera uno. Sepulcro abierto es su garganta; con su lengua engañan. Veneno de áspides hay debajo de sus labios;*

su boca está llena de maldición y de amargura. Sus pies se apresuran para derramar sangre; quebranto y desventura hay en sus caminos; y no conocieron camino de paz. No hay temor de Dios delante de sus ojos" (Ro. 3:10-18).

Por causa del pecado, la paz verdadera es imposible para los incrédulos: "Pero los impíos son como el mar en tempestad, que no puede estarse quieto, y sus aguas arrojan cieno y lodo. No hay paz, dijo mi Dios, para los impíos" (Is. 57:20-21).

Los pecadores merecen la muerte: "Porque la paga del pecado es muerte" (Ro. 6:23). "Y el pecado, siendo consumado, da a luz la muerte" (Stg. 1:15).

Los pecadores no pueden ganar su salvación de ninguna manera: "Si bien todos nosotros somos como suciedad, y todas nuestras justicias como trapo de inmundicia; y caímos todos nosotros como la hoja, y nuestras maldades nos llevaron como viento" (Is. 64:6; cp. Ro. 3:20; Gá. 2:16).

El pecado hace que todas las personas sean vulnerables: "Y él os dio vida a vosotros, cuando estabais muertos en vuestros delitos y pecados" (Ef. 2:1). "Porque nada hay encubierto, que no haya de descubrirse; ni oculto, que no haya de saberse" (Lc. 12:2). Vea también Romanos 2:16; Hebreos 9:27 y Apocalipsis 21:8.

La persona y obra de Jesucristo

El evangelio hace énfasis en quién es Cristo y qué hizo por los pecadores. Si usted desea ser un testigo eficaz, siempre debe esforzarse por mantener esas verdades en equilibrio.

Jesús es completa y eternamente Dios: "En el principio era el Verbo, y el Verbo era con Dios, y el Verbo era Dios. Este era en el principio con Dios. Todas las cosas por él fueron hechas, y sin él nada de lo que ha sido hecho, fue hecho… Y aquel Verbo fue hecho carne, y habitó entre nosotros (y vimos su gloria, gloria como del unigénito del Padre), lleno de gracia y de verdad" (Jn. 1:1-3, 14; cp. Col. 2:9).

Jesús es el Señor de todo: "Por lo cual Dios también le exaltó hasta lo sumo, y le dio un nombre que es sobre todo nombre, para que en el nombre de Jesús se doble toda rodilla de los que están en los cielos, y en la tierra, y debajo de la tierra; y toda lengua confiese que Jesucristo es el Señor, para gloria de Dios Padre" (Fil. 2:9-11; cp. Hch. 10:36; Ap. 17:14).

Jesús se hizo hombre: "El cual, siendo en forma de Dios, no estimó el ser igual a Dios como cosa a qué aferrarse, sino que se despojó a sí mismo, tomando forma de siervo, hecho semejante a los hombres" (Fil. 2:6-7).

Jesús es completamente puro y sin pecado: "El cual no hizo pecado, ni se halló engaño en su boca; quien cuando le maldecían, no respondía con maldición; cuando padecía, no amenazaba, sino encomendaba la causa al que juzga justamente" (1 P. 2:22-23; cp. He. 4:15; 1 Jn. 3:5).

El sacrificio expiatorio de Cristo por el pecado hace posible la salvación de los pecadores: "Al que no conoció pecado [Cristo], por nosotros lo hizo pecado [Dios], para que nosotros fuésemos hechos justicia de Dios en él" (2 Co. 5:21). "En quien tenemos redención por su sangre, el perdón de pecados según las riquezas de su gracia, que hizo sobreabundar para con nosotros en toda sabiduría e inteligencia" (Ef. 1:7-8). Otros versículos relevantes que puede usar para hablar de este principio son: Colosenses 1:20; Tito 2:14; 1 Pedro 2:24 y Apocalipsis 1:5.

Jesús se levantó de la tumba: "Los ángeles que estaban en la tumba dijeron a las mujeres que habían ido con especias y perfumes: ¿Por qué buscáis entre los muertos al que vive? No está aquí, sino que ha resucitado. Acordaos de lo que os habló, cuando aún estaba en Galilea, diciendo: Es necesario que el Hijo del Hombre sea entregado en manos de hombres pecadores, y que sea crucificado, y resucite al tercer día. Entonces ellas se acordaron de sus palabras" (Lc. 24:5-8; cp. 15:3-4). "El cual fue entregado por nuestras transgresiones, y resucitado para nuestra justificación" (Ro. 4:25; cp. 1:4).

Las exigencias de Dios para todos los pecadores

Para que las personas sean realmente salvas, no es suficiente que simplemente "tomen una decisión por Cristo" o que repitan la "oración del pecador" para escapar del infierno y tener una vida mejor. Más que eso, Dios exige que abandonen por completo cualquier cosa en la que confíen y acudan a Jesucristo como su Señor y Salvador. Esto implica tres cambios profundos del corazón y de la actitud.

Las personas deben *arrepentirse de sus pecados:* "Convertíos, y apartaos de todas vuestras transgresiones... Porque no quiero la muerte del que muere, dice Jehová el Señor; convertíos, pues, y viviréis" (Ez. 18:30, 32). "Pero Dios... ahora manda a todos los hombres en todo lugar, que se arrepientan" (Hch. 17:30; cp. 26:20).

Deben *apartarse de la idolatría y seguir a Cristo:* "Porque ellos mismos cuentan de nosotros la manera en que nos recibisteis, y cómo os convertisteis de los ídolos a Dios, para servir al Dios vivo y verdadero" (1 Ts. 1:9). "Y decía a todos: Si alguno quiere venir en pos de mí, niéguese a sí mismo, tome su cruz cada día, y sígame" (Lc. 9:23; cp. v. 62; Jn. 12:26).

Deben *confiar en Cristo como Señor y Salvador:* "Si confesares con tu boca que Jesús es el Señor, y creyeres en tu corazón que Dios le levantó de los muertos, serás salvo" (Ro. 10:9; cp. Hch. 16:31).

Hay que considerar cuidadosamente el costo de seguir a Cristo

Otra realidad que es fundamental en su presentación del evangelio es la mención sincera del costo que implica seguir a Cristo. Si bien hace énfasis en que la salvación es absolutamente gratuita y que incluye todo lo que las personas necesitan para la vida espiritual, también debe hablarles sobre el costo del discipulado como resultado de la salvación. Obedecer al Señor, al igual que alistarse en el ejército, nos puede costar la libertad, ciertas relaciones, algo de independencia y tal vez hasta nuestras vidas. Un evangelista cuidadoso, así como un buen reclutador del ejército, les contará la historia completa a los posibles reclutas. Cristo no dudó en hablarles a las personas sobre el costo del discipulado:

> *"Si alguno viene a mí, y no aborrece a su padre, y madre, y mujer, e hijos, y hermanos, y hermanas, y aun también su propia vida, no puede ser mi discípulo. Y el que no lleva su*

cruz y viene en pos de mí, no puede ser mi discípulo. Porque ¿quién de vosotros, queriendo edificar una torre, no se sienta primero y calcula los gastos, a ver si tiene lo que necesita para acabarla? No sea que después que haya puesto el cimiento, y no pueda acabarla, todos los que lo vean comiencen a hacer burla de él, diciendo: Este hombre comenzó a edificar, y no pudo acabar. ¿O qué rey, al marchar a la guerra contra otro rey, no se sienta primero y considera si puede hacer frente con diez mil al que viene contra él con veinte mil? Y si no puede, cuando el otro está todavía lejos, le envía una embajada y le pide condiciones de paz. Así, pues, cualquiera de vosotros que no renuncia a todo lo que posee, no puede ser mi discípulo" (Lc. 14:26-33; cp. Mt. 10:34-38; Mr. 8:35-37; Jn. 12:24-25).

No es necesaria una respuesta tardía

Después de presentar cuidadosamente los cinco componentes del evangelio mencionados arriba, es tiempo de animar a su oyente de forma amable, sincera y con el apremio adecuado, para que acepte el mensaje con todo su corazón. Sin duda, usted nunca debe presionarlo para que dé una respuesta rápida ante su testimonio. No obstante, debe dejar claro que el evangelio es mucho más que una colección de buenas ideas que puede reconsiderar cada vez que se decida. "Buscad a Jehová mientras puede ser hallado, llamadle en tanto que está cercano. Deje el impío su camino, y el hombre inicuo sus pensamientos, y vuélvase a Jehová, el cual tendrá de él misericordia, y al Dios nuestro, el cual será amplio en perdonar" (Is. 55:6-7). "Así que, somos embajadores en nombre de Cristo, como si Dios rogase por medio de nosotros; os rogamos en nombre de Cristo: Reconciliaos con Dios" (2 Co. 5:20; cp. 6:1-2).

SUS RESPONSABILIDADES CON EL NUEVO CONVERSO

Si Dios en su gracia usó su testimonio para atraer a alguien hacia Él, entonces usted tiene una serie de responsabilidades con esa persona. Habitualmente, los evangelistas en la iglesia llaman a ese deber un *seguimiento.* La enseñanza del apóstol Pablo a los corintios, los cuales pasaban por dificultades, presenta algunos elementos básicos del seguimiento.

Amar a la persona

Primero, les dice en 1 Corintios 4:14: "No escribo esto para avergonzaros, sino para amonestaros como a hijos míos amados". La clave principal para el seguimiento bíblico es demostrarle amor genuino al nuevo creyente. Ese amor debe ir más allá de los sentimientos cálidos y emotivos hacia la persona para abarcar la esencia de la acción sacrificial de Jesús en Juan 13:1-17, cuando lavó los pies a sus discípulos.

Usted puede demostrar amor práctico por un recién convertido al ceder algo de su tiempo, prioridades y proyectos para invertir en la vida de él/ella. Pablo mostró en repetidas ocasiones tal amor por las diversas iglesias que estableció: "Y yo con el mayor placer gastaré lo mío, y aun yo mismo me gastaré del todo por amor de vuestras almas" (2 Co. 12:15). "Porque Dios me es testigo de cómo os amo a todos vosotros con el entrañable amor de Jesucristo" (Fil. 1:8); "Orando de noche y día con gran insistencia, para que veamos vuestro rostro, y completemos lo que falta a vuestra fe" (1 Ts. 3:10).

Amonestar a la persona

En 1 Corintios 4:14, leemos también que Pablo amonestó a los creyentes de Corinto. La palabra griega para "amonestar" significa "poner en la mente", con el propósito de advertir y desaprobar. Quien lo hace, busca generar un cambio necesario en creencias, actitudes, hábitos, estilo de vida, entre otros.

Si usted es fiel en sus responsabilidades hacia alguien que ha llevado a Cristo, habrá momentos en los que deberá amonestarle. No debe intimidar, humillar ni juzgar con orgullo a la persona, pero debe denunciar sus creencias y conducta erróneas de forma amorosa y paciente, y debe señalarle lo que es correcto (ver Mt. 18:15-20; 1 Ts. 2:10-12; 5:14).

Ser ejemplo para esa persona

En 1 Corintios 11:1, Pablo dijo: "Sed imitadores de mí, así como yo de Cristo". Es fundamental no solo ser sus testigos, sino también sus imitadores, y así, ser ejemplos para los nuevos creyentes a quienes ministramos. Por eso, Pablo se sintió tan seguro y tuvo mucho éxito como cristiano y mentor de los nuevos creyentes: vivía de tal forma que todo el mundo sabía sin lugar a dudas que él amaba y obedecía a Cristo.

Al igual que Pablo, usted puede ser un ejemplo para quienes tiene el privilegio de llevar a la fe en Cristo. Simplemente, esté al lado de ellos y viva conforme a los principios cristianos para que ellos puedan ver cómo se hace. Si usted es consecuente y fiel, ese es uno de los elementos más eficaces y prácticos de la formación de discípulos.

Enseñarle a la persona

Por último, una responsabilidad importante con cualquier nuevo creyente es enseñarle la Palabra de Dios. Debemos exponer sus verdades básicas, así como lo hicieron Pablo y Timoteo: "El cual [Timoteo] os recordará mi proceder en Cristo, de la manera que enseño en todas partes y en todas las iglesias" (1 Co. 4:17). En la iglesia de Corinto, Timoteo simplemente reforzaba con su propio ejemplo y enseñanza lo que Pablo les había enseñado con tanto esmero durante meses (cp. Hch. 18:11).

Sin duda, ambos trabajaron por hacer que su enseñanza fuera clara y comprensible (cp. 1 Co. 2:1-8), un rasgo esencial a imitar. Nunca debemos omitir ni poner en peligro la doctrina correcta, pero con frecuencia debemos estar dispuestos a dejar a un lado la jerga teológica y simplemente hablar la verdad de forma clara y amorosa (Ef. 4:15). La única manera en la que un nuevo creyente puede saber cómo se supone que es la vida cristiana es recibiendo información de nuestra parte basada en las Escrituras.

En Juan 15:26, Jesús dijo a sus discípulos: "Pero cuando venga el Consolador, a quien yo os enviaré del Padre, el Espíritu de verdad, el cual procede del Padre, él dará testimonio de mí". De nuevo, vemos que el Espíritu Santo tiene la tarea de testificar de la verdad de Jesucristo. Y es nuestro privilegio ser simplemente instrumentos del Espíritu para comunicar el evangelio a los demás: "Y vosotros daréis testimonio también, porque habéis estado conmigo desde el principio" (Jn. 15:27). Usted puede confiar en su dirección y poder mientras cumple su responsabilidad de evangelizar a los perdidos y hacerles seguimiento a los nuevos creyentes.

Confío en que este capítulo que incluye definiciones básicas y una guía práctica para testificar le haya dado nueva motivación y confianza para presentar su fe a los perdidos. Si usted trabaja con diligencia para conocer y poner en práctica (incluso uno a la vez) los principios que hemos estudiado, creo que Dios, el cual en su soberanía salva a todos los que creen, se sentirá honrado por su fidelidad al testificar.

APÉNDICE

"Y USTEDES, ¿QUIÉN DICEN QUE SOY?"

Un ejemplo de la presentación del evangelio

(Nota del autor: El siguiente texto forma parte del folleto titulado *Who Do You Say That I Am?* [Y ustedes, ¿quién dicen que soy?] Copyright 1991 por Grace to You. Se utiliza con permiso del editor).

"Y vosotros, ¿quién decís que soy yo?" (Mt. 16:15). Con esa pregunta breve, Jesucristo confrontó a sus seguidores con el asunto más importante que jamás enfrentarían. Él había pasado mucho tiempo con ellos y había hecho algunas declaraciones impactantes sobre su identidad y autoridad. Ahora había llegado el momento para ellos de creer sus enseñanzas o negarlas.

Y *usted*, ¿quién dice que es Jesús? Su respuesta a Cristo determinará no solo sus valores y estilo de vida, sino también su destino eterno. Piense en lo que la Biblia dice sobre Él.

JESÚS ES DIOS

Mientras Jesús estuvo en la tierra, hubo mucha confusión acerca de quién era. Algunos pensaban que era un hombre sabio o un gran profeta: Otros pensaban que era un loco. No obstante, algunos no podían decidirse o no les importaba. Pero Él dijo: "Yo y el Padre uno somos" (Jn. 10:30), lo cual significa que decía ser nada menos que Dios en cuerpo humano.

Hoy, muchas personas no entienden que Jesús afirmó ser Dios. Están contentos con pensar en Él como poco más que un gran maestro moral. Pero incluso los enemigos de Jesús entendieron sus afirmaciones sobre la deidad. Por eso, trataron de apedrearlo hasta la muerte (Jn. 5:18; 10:33) y, al final, lo crucificaron (Jn. 19:7).

C. S. Lewis escribió: "Escarnécele como a un insensato, escúpelo y mátalo como a un demonio; o cae a sus pies y proclámalo como Señor y Dios. Pero no asumamos la actitud condescendiente de decir que fue un gran maestro de la humanidad. Él no nos proporciona campo para tal actitud. No fue eso lo que Él intentó" (*Mero cristianismo* [Miami: Caribe, 1977], p. 62).

Si las afirmaciones bíblicas de Jesús son verdaderas, ¡Él es Dios!

JESÚS ES SANTO

Dios es absoluta y perfectamente santo (Is. 6:3), y, por tanto, no puede hacer el mal ni aprobarlo (Stg. 1:13).

Como Dios, Jesús encarnó todos los elementos del carácter divino. Colosenses 2:9 dice: "Porque en él habita corporalmente toda la plenitud de la deidad". Él era perfectamente santo (He. 4:15), incluso sus enemigos no pudieron probar ninguna acusación contra Él (Jn. 8:46).

Dios también nos exige que seamos santos. En 1 Pedro 1:16, leemos: "Sed santos, porque yo soy santo".

JESÚS ES EL SALVADOR

Nuestra desobediencia a Dios, en cuanto a ser santos, nos pone en peligro de castigo eterno (2 Ts. 1:8-9). La verdad es que no podemos obedecerlo porque no tenemos el deseo ni la capacidad de hacerlo. Por naturaleza, somos rebeldes contra Dios (Ef. 2:1-3). La Biblia llama *pecado* a nuestra rebelión.

Según las Escrituras, todos somos culpables de pecado: "No hay hombre que no peque" (1 R. 8:46). "Por cuanto todos pecaron, y están destituidos de la gloria de Dios" (Ro. 3:23). Y somos incapaces de cambiar nuestra condición pecaminosa. Jeremías 13:23 dice:

"¿Mudará el etíope su piel, y el leopardo sus manchas? Así también, ¿podréis vosotros hacer bien, estando habituados a hacer mal?".

Eso no quiere decir que seamos incapaces de hacer actos de bondad humana. Incluso podríamos participar en varias actividades religiosas o humanitarias, pero somos absolutamente incapaces de entender, amar o agradar a Dios por nuestra cuenta. La Biblia dice: "No hay justo, ni aun uno; no hay quien entienda. No hay quien busque a Dios. Todos se desviaron, a una se hicieron inútiles; no hay quien haga lo bueno, no hay ni siquiera uno" (Ro. 3:10-12).

La santidad y la justicia de Dios exigen que todo pecado sea castigado con la muerte: "El alma que pecare, esa morirá" (Ez. 18:4). Para nosotros, eso es difícil de entender porque tendemos a clasificar el pecado según una escala relativa, suponiendo que algunos pecados son menos graves que otros. Sin embargo, la Biblia enseña que *todos* los actos de pecado son el resultado de pensamientos pecaminosos y deseos perversos. Por eso, un simple cambio de nuestros patrones de conducta no resuelve nuestro problema de pecado ni elimina sus consecuencias. Necesitamos experimentar un cambio interno para que nuestros pensamientos y deseos sean santos.

Jesús es el único que puede perdonarnos y transformarnos, y de esa manera liberarnos del poder y del castigo del pecado: "Y en ningún otro hay salvación; porque no hay otro nombre bajo el cielo, dado a los hombres, en que podamos ser salvos" (Hch. 4:12).

Aunque la justicia de Dios exige la muerte por el pecado, su amor ha proporcionado un Salvador que pagó el castigo y murió por los pecadores: "Cristo padeció una sola vez por los pecados, el justo por los injustos, para llevarnos a Dios" (1 P. 3:18). Su muerte satisfizo las exigencias de la justicia de Dios y, de ese modo, le permitió perdonar y salvar a quienes creen en Él (Ro. 3:26). Juan 3:16 dice: "Porque de tal manera amó Dios al mundo, que ha dado a su Hijo unigénito, para que todo aquel que en él cree, no se pierda, mas tenga vida eterna". Solo Él es "nuestro gran Dios y Salvador" (Tit. 2:13).

JESÚS ES EL ÚNICO OBJETO ACEPTABLE DE LA FE SALVADORA

Algunas personas piensan que no importa lo que crean, siempre y cuando sean sinceros; pero sin un objeto válido, su fe es inútil.

Si toma veneno pensando que es medicina, toda la fe del mundo no salvará su vida. Del mismo modo, si Jesús es la única fuente de salvación y usted confía en alguien o en algo más para ser salvo, su fe no sirve de nada.

Muchos piensan que hay muchos caminos para llegar a Dios y que cada religión representa un aspecto de la verdad. Pero Jesús dijo: "Yo soy el camino, y la verdad, y la vida; nadie viene al Padre, sino por mí" (Jn. 14:6). Él no afirmó ser uno de muchos caminos igualmente legítimos para llegar al Padre ni dijo ser el camino a Dios solo para su época. Afirmó que era el único camino para llegar a Dios, entonces y para siempre.

JESÚS ES SEÑOR

El pensamiento contemporáneo dice que el hombre es producto de la evolución. Pero la Biblia dice que fuimos creados por un Dios personal para amarle, servirle y disfrutar de una comunión eterna con Él.

El Nuevo Testamento revela que Jesús mismo fue el Creador (Jn. 1:3; Col. 1:16). Por lo tanto, todo le pertenece y Él gobierna sobre todo (Sal. 103:19). Eso quiere decir que tiene autoridad sobre nuestras vidas y que le debemos lealtad, obediencia y adoración absolutas.

Romanos 10:9 dice: "Si confesares con tu boca que Jesús es Señor, y creyeres en tu corazón que Dios le levantó de los muertos, serás salvo". Confesar a Jesús como Señor significa someterse humildemente a su autoridad (Fil. 2:10-11). Creer que Dios lo levantó de los muertos implica confiar en el hecho histórico de su resurrección, el cual es la cumbre de la fe cristiana y la forma en la que el Padre afirmó la deidad y la autoridad del Hijo (Hch. 17:30-31; Ro. 1:4).

La verdadera fe va siempre acompañada por el arrepentimiento del pecado. El arrepentimiento es más que simplemente lamentar su pecado. Implica estar de acuerdo con Dios en que usted es pecador, confesarle sus pecados, y tomar una decisión consciente de alejarse del pecado y seguir la santidad (Is. 55:7). Jesús dijo: "Si me amáis, guardad mis mandamientos" (Jn. 14:15), y "si vosotros permaneciereis en mi palabra, seréis verdaderamente mis discípulos" (Jn. 8:31).

No es suficiente creer ciertos hechos acerca de Cristo. Incluso Satanás y sus demonios creen en el Dios verdadero (Stg. 2:19), pero no le aman ni le obedecen. Su fe no es genuina. La verdadera fe salvadora responde siempre en obediencia (Ef. 2:10).

Jesús es el Señor soberano. Cuando usted le obedece, reconoce su señorío y se somete a su autoridad. No significa que su obediencia sea siempre perfecta, pero esa es su meta, y no hay ninguna área de su vida que le oculte.

JESÚS ES EL JUEZ

Todos los que rechazan a Jesús como Señor y Salvador comparecerán un día ante Él como su Juez: "Pero Dios... ahora manda a todos los hombres en todo lugar, que se arrepientan; por cuanto ha establecido un día en el cual juzgará al mundo con justicia, por aquel varón a quien designó, dando fe a todos con haberle levantado de los muertos" (Hch. 17:30-31).

En 2 Tesalonicenses 1:7-9 leemos: "Cuando se manifieste el Señor Jesús desde el cielo con los ángeles de su poder, en llama de fuego, para dar retribución a los que no conocieron a Dios, ni obedecen al evangelio de nuestro Señor Jesucristo; los cuales sufrirán pena de eterna perdición, excluidos de la presencia del Señor y de la gloria de su poder".

Y USTED, ¿QUÉ VA A RESPONDER?

¿Quién dice la Biblia que es Jesús? El Dios viviente, el Santo, el Salvador, el único objeto válido de la fe salvadora, el Señor soberano y el Juez justo.

Y usted, ¿quién dice que es Jesús? Es una pregunta inevitable. El amor de Jesús le llevó a morir por los pecados de usted. Solo Él puede redimirlo, y liberarlo del poder y del castigo de sus pecados. Solo Él puede transformarlo, restaurar su comunión con Dios y darle propósito eterno a su vida. ¿Va usted a arrepentirse y creer en Jesucristo como su Señor y Salvador?

Guía de estudio

CAPÍTULO 1: EL DEBER CRISTIANO EN UN MUNDO HOSTIL

Resumen del capítulo

Una determinación renovada a vivir para Cristo en medio de un mundo cada vez más hostil, junto con una anticipación bíblica de su regreso inminente, es un incentivo poderoso para que los cristianos evangelicen a los perdidos.

Primeros pasos (elija uno)

1. En su opinión, ¿con cuánto entusiasmo espera la mayoría de cristianos el regreso de Cristo hoy? Explique su respuesta. ¿Cómo cree que usted o los miembros de su grupo podrían ayudarles a otros a tener una mayor expectativa respecto a la Segunda Venida?
2. ¿Realmente es más difícil vivir ahora como cristiano de lo que era en la generación de sus abuelos o en el siglo I? ¿Por qué sí o por qué no? En general, ¿qué razones dan las personas en la iglesia por no ser capaces de vivir completamente para Cristo como ellos quisieran?

Responda a las preguntas

1. ¿Cuáles son las dos iglesias del Nuevo Testamento que tipifican las actitudes contemporáneas de muchas personas en la iglesia?
2. ¿Cuáles son algunos de los enfoques generales que han adoptado las iglesias evangélicas en la actualidad para tratar de alcanzar la cultura?

3. Dé una definición breve de la expresión "creer es fácil". ¿De qué forma esta enseñanza ha sido perjudicial para una comprensión correcta de la salvación?
4. ¿Qué doble verdad exhorta Pedro a los creyentes que recuerden cuando los tiempos son difíciles?
5. Cite varios versículos que indican que estamos ahora en los últimos tiempos. ¿Cuándo comenzó este período?
6. ¿De qué forma el término "fin" de 1 Pedro 4:7 se refiere a algo más que a un simple cese o finalización?
7. ¿Por qué es mejor que no sepamos la fecha exacta del regreso de Cristo?
8. ¿Cómo debería afectar el inminente regreso de Cristo a la forma en que usted vive? Dé al menos dos referencias bíblicas que apoyen su respuesta.
9. ¿Por qué es importante obedecer el mandamiento bíblico de guardar su mente?
10. ¿Cuál es la característica más importante para testificarles a los perdidos?

Céntrese en la oración

• Examine su actitud respecto a la verdad de que Jesús viene otra vez. ¿Vive usted con emoción y anticipación, o es apático y rara vez da mucha importancia a su regreso? Dé gracias a Dios porque su Hijo regresará pronto y pídale que le dé un mayor anhelo.

• Ore para que el Señor le permita continuar o mejorar su diligencia en las disciplinas espirituales diarias a fin de ser un buen ejemplo para otros en su familia.

Ponga en práctica la verdad

¿Cuán ferviente es su amor por sus amigos cristianos? Vuelva a leer 1 Pedro 4:8 y piense cómo ponerlo en práctica en su vida. Memorice el versículo y pídale a Dios que le muestre una forma de fortalecer la relación con alguien de su iglesia.

CAPÍTULO 2: NUESTRO TESTIMONIO COMO SAL Y LUZ

Resumen del capítulo

Los estilos de vida de las personas afectan a quienes los rodean. Por tanto, como sal y luz de Cristo, debemos ser agentes santos que ayudan a frenar la decadencia moral del mundo y difunden la luz del evangelio.

Primeros pasos (elija uno)

1. Si una influencia es realmente valiosa y eficaz, la notan quienes la sienten, pero puede que no la perciban quienes la originan. ¿En algún momento ha sido usted una influencia positiva o negativa sin que se diera cuenta al principio? ¿Cómo al final se dio cuenta?
2. ¿Hay lugar para grupos como Coalición Cristiana y Operación Rescate? ¿Participaría o ha participado en sus actividades? ¿Por qué sí o por qué no?

Responda a las preguntas

1. ¿Qué principio es ilustrado en los dos mitos griegos del comienzo del capítulo?
2. ¿Qué podemos aprender de la historia del niño extraviado en la granja de Kansas?
3. ¿Qué fallas generales nos impiden ser sal y luz más eficaces para un mundo pecador?
4. ¿Cuál es el origen de la expresión "no vale su sal"?
5. ¿Qué uso antiguo de la sal es comparable a la práctica moderna de registrar documentos ante notario?
6. Mencione al menos tres significados diferentes que varios comentaristas han asociado con el uso que hace Jesús de la metáfora de la sal en Mateo 5. ¿Cuál es la comparación principal que se establece entre la sal y la vida del creyente?
7. ¿Por qué fue Helen Ewing de Escocia tan influyente?

8. Haga un resumen de las diferencias principales entre la sal espiritual y la luz espiritual.
9. ¿En qué dos formas da Dios la luz a los cristianos?
10. ¿Cuáles son algunos de los retos que amenazan con hacer que nuestra sal y luz se vuelvan ineficaces y estériles?
11. ¿Cuál es el fin último que presenta Mateo 5:16 respecto a ser sal y luz en el mundo?

Céntrese en la oración

- Dele gracias a Dios por el privilegio de ser sal y luz en su comunidad.
- Ore para que Dios le permita seguir brillando para Él, incluso en medio de las circunstancias más difíciles.

Ponga en práctica la verdad

Infórmese sobre las oportunidades que hay en su comunidad de servir como voluntario. Considere en oración la posibilidad de dedicar algo de tiempo a una agencia de asistencia social, que no sea una iglesia o un grupo paraeclesiástico. Busque oportunidades para comunicar el evangelio mientras sirve como voluntario junto a otros y ayuda a los necesitados.

CAPÍTULO 3: ORAR POR LOS PERDIDOS

Resumen del capítulo

No vamos a descuidar la oración por los perdidos si entendemos qué es, por qué es importante y si lo hacemos con la actitud correcta.

Primeros pasos (elija uno)

1. Algunos creyentes perseveran durante muchos años en oración por una persona que no es salva. ¿Cuál ha sido el período más largo durante el cual ha orado por la salvación de alguien? ¿De qué forma respondió Dios a sus oraciones?

2. Si no entendemos por qué ciertas prácticas son buenas e importantes, no vamos a participar en ellas. ¿Cuáles son algunos ejemplos claros de eso en la vida cotidiana? ¿De qué prácticas necesitan las personas entender mejor la importancia y participar más en ellas? ¿Por qué?

Responda a las preguntas

1. Mencione dos personajes del Antiguo Testamento y dos del Nuevo Testamento que oraron por la salvación de otros.
2. ¿Por qué tuvo que exhortar Pablo a la iglesia de Éfeso para que orara por los perdidos?
3. ¿En qué momento deberían mostrar nuestras oraciones el aspecto de súplica?
4. ¿Cuál es la única forma en que la palabra griega para "oraciones" (1 Ti. 2:1) se utiliza en las Escrituras?
5. ¿Qué actitud implica la palabra "peticiones" con respecto al que ora?
6. Cite dos pasajes que indiquen cuál debe ser el alcance de nuestras oraciones evangelísticas.
7. ¿Qué grupo es fácil de excluir de nuestras oraciones por los perdidos? ¿Por qué?
8. ¿Cuál es el beneficio general de ser obedientes en orar por los perdidos? ¿De qué forma mejora eso nuestra posición en medio de una sociedad hostil?
9. ¿Cuál es la única razón por la que un creyente debería ser perseguido (ver 1 P. 2:13-23)?
10. ¿Por qué es moralmente correcto que oremos por la salvación de los incrédulos?
11. En cuanto a la salvación de la humanidad, ¿en qué sentido es el *deseo* de Dios distinto de su *propósito* eterno?
12. Enumere tres o cuatro versículos que enseñan que hay un solo Dios verdadero y una sola fuente de salvación. ¿En qué sentido es Jesús el único mediador? (Jn. 14:6; cp. He. 8:6; 9:15)

13. ¿De qué forma conocer el diseño de la expiación de Cristo nos da mayor confianza para orar por los perdidos? Mencione varias razones, junto con los versículos que las respaldan.
14. ¿A qué se refiere la expresión "manos santas" en 1 Timoteo 2:8?

Céntrese en la oración

• Ore esta semana con intensidad renovada por la salvación de alguien por el cual ha orado antes.

• Pídale a Dios que le dé un corazón por la oración evangelística como el que tuvieron modelos como John Knox, George Whitefield y Henry Martyn.

Ponga en práctica la verdad

Examine la calidad y la frecuencia de su oración evangelística. Vuelva a leer y reflexione de nuevo en la cita de C. H. Spurgeon del comienzo del capítulo. Pídale al Señor que le muestre formas prácticas de revitalizar y mejorar su oración por quienes no son salvos. Después, haga planes para implementar los cambios.

CAPÍTULO 4: ¿QUIÉN ES DIOS?

Resumen del capítulo

El evangelismo debe comenzar proclamando a los incrédulos la verdad sobre un Dios único, eterno, inmutable y trino, cuya ira se revela contra el pecado. Sin embargo, ese mismo Dios ofrece en su misericordia la salvación de manera soberana a todos los que creen.

Primeros pasos (elija uno)

1. ¿Está usted de acuerdo con el concepto de que las evidencias científicas y las pruebas racionales tienen un valor limitado para encaminar a alguien hacia Dios? ¿Por qué?
2. ¿Ha trabajado alguna vez para un jefe inconstante e imprede-

cible? Si es así, describa algunas de las frustraciones que eso le ocasionó. ¿Cómo marca la diferencia tener un jefe firme y fiable?

Responda a las preguntas

1. ¿Cuál fue la teoría de Sigmund Freud sobre Dios y la relación del hombre con Dios? ¿De qué forma estaba ese punto de vista en conflicto con las Escrituras?
2. Cuando se trata de que una persona que comprenda lo esencial de conocer a Dios, ¿cuál es la afirmación básica que debe hacer? ¿Sobre qué debe basar esa afirmación?
3. ¿De qué maneras y con qué términos nos dice la Biblia que Dios es personal?
4. ¿Qué es *antropomorfismo*? ¿Cuál es el ejemplo clave de ello en el Antiguo Testamento?
5. ¿Por qué era fundamental para Israel en tiempos de Moisés afirmar su lealtad al Dios único y verdadero?
6. ¿Cuáles son dos analogías que las personas han utilizado para intentar explicar la Trinidad? ¿Son completamente adecuadas?
7. ¿Cuán pronto en las Escrituras aparece claramente implícito el hecho de la Trinidad?
8. ¿Cuáles son cuatro verdades importantes que el Nuevo Testamento conecta explícitamente con la Trinidad? Cite un versículo para respaldar cada punto.
9. Mencione tres veces en la historia de la redención en las que la ira de Dios se derramó de forma significativa.
10. ¿Qué revelan las Escrituras sobre la naturaleza de la ira de Dios?
11. ¿Cuál es la razón principal por la que Dios está obligado a revelar su ira contra las personas?
12. ¿Cuáles son las características principales del plan de redención de Dios (ver Ro. 4:1-8, 11-12; 9:6-8)?
13. Si Dios no cambia (Mal. 3:6), ¿cómo explica usted Génesis 6:6-7 y Jonás 3:10?

Céntrese en la oración

• Ore para que el Señor le ayude a tener un testimonio centrado siempre en Dios.

• De gracias y alabe a Dios por las verdades sobre su persona y su naturaleza que usted ha estudiado en este capítulo. Ore para que tengan una influencia cada vez mayor en su testimonio personal.

Ponga en práctica la verdad

Memorice Romanos 8:29-30. Escriba este pasaje en una tarjeta o en un pedazo de papel, y póngalo en un lugar donde le recuerde a menudo la soberanía de Dios en la salvación.

CAPÍTULO 5:
LA FIABILIDAD DE LAS ESCRITURAS

Resumen del capítulo

La Biblia, como la Palabra inspirada, infalible, inerrante y autoritativa de Dios, es la única fuente fiable y norma de la verdad divina, la conducta moral y la libertad espiritual que tenemos.

Primeros pasos (elija uno)

1. Sin tener en cuenta la Biblia o los principios absolutos, trate de escribir una definición de la *verdad*. ¿Cree usted que la persona típica de hoy se dedica alguna vez a pensar en un ejercicio como ese?
2. ¿Las encuestas y los sondeos de mercadeo tienen demasiada influencia en la vida moderna? ¿Cree usted que sus resultados son realmente precisos o representan lo que a la mayoría le gusta y cree? ¿Cómo podrían mejorarse esas encuestas?

Responda a las preguntas

1. ¿Bajo qué tipo de principios viven los incrédulos? Según ellos, ¿cómo se define la conducta aceptable?

2. ¿Qué dice la Confesión de Fe de Westminster sobre los contenidos básicos de las Escrituras?
3. ¿Qué versículo explica con detalle la doctrina de la inspiración bíblica? ¿Qué palabra griega define la inspiración de forma más precisa?
4. Describa brevemente de qué forma Dios supervisó y guió el proceso de inspiración.
5. ¿Qué palabras de Jesús en Mateo 5:18 y Juan 10:35 indican el alcance de la inspiración bíblica?
6. ¿Afecta la infalibilidad de la Biblia el hecho de que contenga errores menores de los copistas acumulados a través de los siglos? ¿Por qué sí o por qué no?
7. ¿Cuál es la diferencia entre la infalibilidad y la inerrancia? ¿Qué término expresa el significado similar y principal de ambos?
8. ¿Cuándo empezaron las personas a abandonar un alto concepto de la autoridad de las Escrituras? ¿Qué tendencias en la educación contribuyeron a ese abandono?
9. ¿Qué dice la neo-ortodoxia sobre la autoridad y el contenido de las Escrituras? ¿Por qué es una perspectiva inadecuada y errónea?
10. ¿Qué escribe Isaías sobre la eficacia de la Biblia?
11. ¿Qué datos sobre los autores de las Escrituras hacen que sea sorprendente que la Biblia tenga una autoridad consecuente y un tema unificado?
12. ¿Sobre qué verdad testifican los escritores bíblicos más de 3800 veces en el Antiguo Testamento solo?
13. ¿Qué confianza tenían los escritores del Nuevo Testamento en los escritos del Antiguo Testamento? ¿Y en los escritos inspirados de cada uno de ellos?
14. Durante su ministerio de enseñanza, ¿qué apoyó Jesús siempre?
15. ¿Qué es esencial en la vida de cualquier individuo para que tenga una perspectiva correcta de las Escrituras?

Céntrese en la oración

• Dé gracias a Dios por su fidelidad en revelar y preservar una Biblia perfectamente precisa y fiable para que la usemos.

• Ore por su pastor y por los demás maestros de la Palabra de Dios para que mantengan un alto concepto de sus contenidos y los expongan con precisión y autoridad.

Ponga en práctica la verdad

La Biblia es verdaderamente un libro eterno y es sin duda la declaración con más autoridad sobre la verdad y la sabiduría divinas. Si no lo ha hecho, inicie esta semana un programa para leer la Biblia en un año. (Siga la programación de algún bosquejo impreso, como los que aparecen en muchas Biblias). Si se ha atrasado en su lectura de la Biblia, propóngase dedicar tiempo adicional en las próximas semanas para ponerse al día. Recuerde que este programa de lectura debería ser aparte de sus lecturas devocionales.

CAPÍTULO 6: PROFECÍAS ASOMBROSAS

Resumen del capítulo

La profecía bíblica predictiva es una revelación de Dios y, como se ilustró con las profecías sobre Tiro y Babilonia, siempre se cumple. Por lo tanto, es una herramienta evangelística de confianza.

Primeros pasos (elija uno)

1. Pronosticar el tiempo sigue siendo una ciencia inexacta, incluso con los instrumentos de alta tecnología que tenemos hoy. ¿Recuerda un pronóstico inexacto que afectó sus planes de manera significativa? Explique a su grupo de estudio un ejemplo memorable de eso.
2. Si fuera posible para usted conocer en detalle todos los sucesos futuros de su vida, ¿qué es lo que más le gustaría saber? ¿Por qué? ¿Sería bueno o malo tener ese conocimiento?

Responda a las preguntas

1. ¿Qué dice Henry Morris que evidencia la superioridad de la profecía bíblica?
2. Escriba brevemente la definición de la profecía genuina.
3. Según Deuteronomio 18:20-22 y Jeremías 28:9, ¿cuál es la norma de Dios para la verdadera profecía?
4. ¿Qué acontecimiento multifacético constituye la culminación de todas las profecías del Antiguo Testamento?
5. ¿Qué hizo que la profecía bíblica fuera tan distintiva en el tiempo en el que se anunció?
6. ¿Qué dos campos de estudio han verificado en repetidas ocasiones el cumplimiento de las profecías?
7. ¿En qué país moderno estuvo ubicada la ciudad Tiro? ¿En qué se distinguió esa antigua ciudad?
8. ¿Qué seis detalles proféticos sobre Tiro, mencionados en Ezequiel 26, se cumplieron históricamente?
9. ¿Qué nación sitió la ciudad de Tiro en 585 a.C.? Durante ese tiempo, ¿a dónde huyeron casi todos los tirios?
10. Describa la operación militar contra Tiro que inició el cumplimiento de Ezequiel 26:12. ¿Qué ejército llevó a cabo la operación?
11. ¿Quién proporcionó la fuerza naval para ayudar a completar la campaña final contra Tiro? ¿Cuándo se destruyó la parte insular de Tito? ¿Quién lo hizo?
12. Resuma brevemente los antecedentes históricos y la importancia de la ciudad de Babilonia. ¿Cuáles eran sus principales características físicas?
13. ¿Qué nación codiciaba el control de Babilonia y lanzó el ataque final contra ella?
14. ¿Qué capítulo del Antiguo Testamento describe los sucesos justo antes de la caída de Babilonia? Aproximadamente, ¿en qué año sucedió?

15. ¿Dónde están las ruinas de la antigua Babilonia y qué han observado los arqueólogos respecto a ellas? ¿Las palabras de qué profeta fueron cumplidas por esos hechos?
16. ¿Cuál es la probabilidad matemática de que todas las profecías sobre Babilonia se pudieran haber cumplido simplemente por casualidad o por coincidencia? ¿Qué significa eso en la práctica?

Céntrese en la oración

• Dé gracias al Señor por la riqueza de su Palabra profética y por la constancia perfecta de su cumplimiento completo y exacto.

• Ore para que Dios lo guíe y le dé sabiduría al estudiar varios pasajes proféticos y buscar una mejor comprensión de su contenido.

Ponga en práctica la verdad

Haga un estudio especial sobre algunos de los capítulos proféticos de Isaías, Jeremías, Ezequiel y algunos de los profetas menores. Léalos en varias traducciones modernas de la Biblia y use libros de referencia, como una Biblia de estudio, un diccionario o manual bíblico y comentarios. Anote el asunto, el tema, el alcance de la profecía, sus oyentes originales, entre otros aspectos. Memorice los puntos y los versículos importantes para utilizarlos en situaciones apropiadas en las que puede dar testimonio.

CAPÍTULO 7: LA REALIDAD DEL PECADO

Resumen del capítulo

Puesto que todos los seres humanos nacen pecadores, el testigo fiel no debe dejar de lado la realidad de los males del pecado. En cambio, seguirá las Escrituras y proclamará el único remedio verdadero para las consecuencias devastadoras del pecado: el evangelio de Jesucristo.

Primeros pasos (elija uno)

1. ¿Ha notado usted cómo los políticos destacados y los mejores directivos ejecutivos o sus voceros, enfocan de forma positiva cualquier noticia sobre ellos, sin importar cuán negativa sea? ¿Es esa una práctica honesta? ¿Esa práctica le hace a usted sentirse frustrado? Explique su respuesta.
2. En generaciones anteriores, era común evitar hablar sobre la muerte y ciertas enfermedades. Cuando las personas hablaban al respecto, con frecuencia utilizaban eufemismos. Hasta cierto punto, esa actitud persiste hoy. ¿Cree que eso es bueno? Si no, ¿cómo se podría animar a las personas a hablar sobre tales temas con más franqueza?

Responda a las preguntas

1. ¿Cuál era el mayor temor de Crisóstomo, uno de los padres de la Iglesia?
2. ¿Qué tres tipos de relaciones humanas básicas trastorna el pecado (ver Gn. 3:6-13, 17-19; 4:3-15)?
3. ¿Cuál es la definición sencilla del pecado? Escriba al menos otras dos definiciones bíblicas que surgen de ésta.
4. Mencione algunas metáforas generales que representan la contaminación del pecado. ¿Cuáles son dos metáforas específicas utilizadas en el Antiguo Testamento?
5. ¿Cuáles son al menos dos de los aspectos de la naturaleza rebelde del pecado?
6. ¿Qué personaje del Antiguo Testamento es un ejemplo clásico del pecado de ingratitud?
7. ¿Cómo se describe el pecado en Isaías 1:4-6? ¿Cuál es el único remedio para ello? Amplíe su respuesta (ver Mt. 11:28; He. 10:11-14).
8. ¿Qué es el pecado original? ¿A quién afecta?
9. ¿Qué partes del ser de la persona natural controla el pecado?

10. ¿En qué se parece la vida de un pecador no redimido a la historia de Damocles?
11. ¿Cuál es el resultado final y más devastador del pecado?
12. ¿Qué dos verdades absolutas expresa Romanos 6:23?

Céntrese en la oración

• ¿Hay algún pecado en particular con el que usted lucha una y otra vez? Ore en el espíritu de Hebreos 12:1 para que Dios le dé la disciplina y la determinación para resistir la tentación.

• Ore por alguien que conoce que ha rechazado hasta ahora el remedio del Señor para el pecado. Pida que el Espíritu de Dios lleve a esa persona al arrepentimiento para que se libre de las consecuencias horribles del infierno.

Ponga en práctica la verdad

La ingratitud es uno de los pecados más comunes, y afecta a creyentes y a incrédulos. Busque cultivar un mayor sentido de gratitud en el próximo mes haciendo lo siguiente: Primero, haga una lista de todas las bendiciones que Dios le ha dado y dele gracias por cada una. Luego, prepare una lista nueva cada semana de todas las cosas que Él hace por usted o que le provee generosamente, y dele las gracias por cada una. A final de mes, dé gracias al Señor por todo lo que Él ha hecho por usted. Mantenga una lista separada de las cosas que usted puede haber dado por sentado, y ore con frecuencia por las que necesitará en el futuro.

CAPÍTULO 8: EL NACIMIENTO VIRGINAL Y LA DEIDAD DE JESUCRISTO

Resumen del capítulo

El nacimiento virginal de Cristo fue un acontecimiento único en la historia humana y su verdad es fundamental para el mensaje cristiano, que dice que Jesús era Hijo de Dios e Hijo del hombre.

Primeros pasos (elija uno)

1. ¿Cree usted que los partidos políticos serían más eficaces si sus miembros tuvieran que adherirse a ideologías y principios más precisos y estrictos? ¿Por qué sí o por qué no?
2. El siglo XX fue testigo de muchos acontecimientos extraordinarios. ¿Se produjo alguno durante su vida que debería estar entre los diez sucesos más importantes del siglo? ¿Qué es lo que más recuerda de cuando sucedieron?

Responda a las preguntas

1. Mencione cuatro nacimientos milagrosos antes de la época de Jesús descritos en la Biblia.
2. ¿Cuánto tiempo lleva la Iglesia verdadera insistiendo en el nacimiento virginal como una doctrina fundamental de la fe?
3. ¿Qué versículo del Antiguo Testamento es el primero en insinuar que el nacimiento de Cristo sería, de alguna forma, sobrenatural?
4. ¿Cuál es el único pasaje del Antiguo Testamento que hace referencia a la relación Padre-Hijo? ¿Qué más dice?
5. ¿Cuál es la importancia de la palabra hebrea para "virgen" en Isaías 7:14? ¿De qué forma Mateo 1:21-23 respalda la intención de ese versículo?
6. En cuatro referencias separadas, ¿cómo identifica Pablo a Dios en las epístolas pastorales?
7. Basándose en algunas referencias bíblicas clave, replantee brevemente la lógica que concluye con la verdad de la deidad de Cristo.
8. ¿Qué otra verdad sobre Cristo podemos concluir de su deidad?
9. ¿Cuál fue la razón principal por la que María pidió una explicación al ángel sobre el anuncio del nacimiento de Jesús?
10. ¿Cuáles fueron las palabras en la pregunta básica de María que indicaron que entendía lo que iba a suceder?
11. ¿Cuál es el significado del título "Altísimo" que usó el ángel cuando hablo con María?

12. ¿Qué dijo Gabriel a María sobre la identidad de Jesús que reafirmó el plan original del Padre para Él?
13. ¿Qué otra señal le dio Gabriel a María para fortalecer su fe respecto a lo que acababa de escuchar? ¿De qué manera confirmó la verdad de las palabras iniciales de Dios para ella?
14. ¿En qué historia de Génesis pensó María al escuchar las palabras del ángel: "porque nada hay imposible para Dios"?
15. ¿Cómo fue la respuesta final de María al anuncio de Gabriel semejante a la de Ana en 1 Samuel 2?

Céntrese en la oración

• Dé gracias a Dios por la verdad del nacimiento virginal de Cristo y pídale más comprensión y apreciación de su importancia en relación con la deidad de Cristo.

• Tal vez usted se enfrente a una situación en la que debe confiar en la soberanía del Señor para que haya resolución. Ore para que pueda manejarlo de una manera llena de fe, así como María respondió al anuncio del ángel sobre Jesús.

Ponga en práctica la verdad

Como hemos visto, Isaías 7:14 y Mateo 1:20-25 son pasajes fundamentales e importantes para la doctrina del nacimiento virginal. Escríbalos y memorícelos para que pueda referirse a ellos con facilidad al defender la verdad de la divinidad de nuestro Señor y su nacimiento virginal.

CAPÍTULO 9:
LA MUERTE Y RESURRECCIÓN DE JESUCRISTO

Resumen del capítulo

La muerte y resurrección de Jesucristo constituyen el clímax fundamental de la historia de la redención. Por lo tanto, es absolutamente necesario que tengamos una comprensión bíblica sobre la importancia histórica y teológica de esos acontecimientos. De lo contrario, nunca seremos evangelistas eficaces para Cristo.

Primeros pasos (elija uno)

1. ¿Recuerda la primera vez que leyó o escuchó acerca de la muerte y resurrección de Cristo? ¿Se mostró usted escéptico sobre su validez, o vio poco claro su verdadero significado? Recuerde sus pensamientos y reacciones.
2. ¿Cree que las personas contemporáneas tienen todavía un buen sentido de la historia? ¿Enseñan nuestras escuelas la historia de manera precisa y exhaustiva? Reflexione sobre los acontecimientos, conceptos y personas que deben incluirse en un buen plan de estudios o en un libro de texto de historia.

Responda a las preguntas

1. ¿Qué versículo del Antiguo Testamento es la primera indicación de la crucifixión de Cristo?
2. ¿Qué decía el sistema sacrificial del Antiguo Testamento sobre la importancia del derramamiento de sangre, y qué acontecimiento futuro representaba?
3. ¿Qué anunció el profeta Zacarías respecto a Cristo y los judíos?
4. ¿Fue local o universal la oscuridad que apareció durante la cuarta y la sexta hora de la crucifixión de Jesús? ¿Afecta eso a la naturaleza del suceso? ¿De qué fue señal más probablemente la oscuridad?
5. ¿Cuál era el significado teológico de la separación temporal entre Dios y Cristo durante la crucifixión? ¿Con qué se puede comparar en el ámbito de las relaciones humanas?
6. Además de la cruz, ¿qué fue extraordinario acerca de la forma en que terminó la vida de Cristo? ¿Qué declaración anterior a los discípulos se cumplió?
7. ¿Cuál era la función del velo del templo? ¿Cuál fue la importancia de que Dios lo rasgara de arriba abajo a la muerte de Cristo?

8. Mencione dos casos especiales en los que Dios causó terremotos en el Antiguo Testamento. ¿Qué anticipó el terremoto en la muerte de Cristo?
9. ¿A quiénes se aparecieron los santos que resucitaron? ¿Con qué propósito? ¿Qué es lo que anticipa ese milagro para todos los demás creyentes?
10. ¿Cuáles serían algunas de las consecuencias para el cristianismo si la resurrección de Jesús no fuera cierta a nivel histórico?
11. ¿Qué es lo que los críticos, que no creen en la resurrección, nunca han sido capaces de explicar respecto al efecto de esa "invención" en los creyentes?
12. Cuando Pablo compareció ante el rey Agripa, ¿en qué se basó para reafirmar su testimonio sobre la verdad de la resurrección de Cristo?
13. ¿Cuál fue la importancia de la aparición especial de Jesús a Pedro después de su resurrección, antes de revelarse al resto de los apóstoles?
14. ¿Qué aspectos extraordinarios están asociados con la aparición del Señor resucitado a Pablo en el camino a Damasco?
15. ¿Cuáles fueron los tres cambios importantes que se dieron en la vida del apóstol gracias a resurrección?
16. ¿Cuál fue el mensaje común de la iglesia primitiva? ¿Cuán a menudo estuvo en el centro de la predicación apostólica?

Céntrese en la oración

- Dedique algo de tiempo adicional para alabar y dar gracias a Dios porque la muerte de Cristo en la cruz fue suficiente para quitar los pecados de todos los que creen, incluyéndolo a usted.
- Medite de nuevo en las verdades de la resurrección de nuestro Señor y ore para que su caminar con Él se centre más en la esperanza y en el gozo que trae su resurrección a todos los creyentes.

Ponga en práctica la verdad

Lea el relato completo de los sufrimientos, muerte y resurrección de Cristo en cada uno de los Evangelios. Si dispone de una armonía de los cuatro Evangelios, úsela. Compare y contraste el contenido de cada relato. Basándose en ese estudio, escriba su propio resumen o esquema que incorpore todos los detalles en un solo relato. Úselo como una ayuda para recordar todos los hechos fundamentales de la crucifixión y resurrección con el fin de dárselo a conocer con mayor detalle a alguien que no conoce a Cristo.

CAPÍTULO 10:
LA GRAN COMISIÓN

Resumen del capítulo

La misión suprema de la Iglesia en la tierra se manifiesta en la Gran Comisión, el llamado de Cristo para que los discípulos evangelicen a las naciones. Nosotros también estamos llamados a cumplir ese mandato, y a llevar a hombres y a mujeres a Jesucristo.

Primeros pasos (elija uno)

1. ¿Se ha unido a las filas de quienes a veces o siempre trabajan desde su casa (conocido como teletrabajo)? ¿Ha tenido días alguna vez en los que siente que pudo haber sido más productivo trabajando desde su casa? ¿Qué proyectos realiza con mayor eficacia trabajando desde su oficina en casa? ¿Por qué?
2. Muchos nos aferramos a posesiones materiales que ya no necesitamos o que rara vez usamos. ¿Tiene este tipo de artículos en su garaje, trastero o desván? ¿De qué cosas necesita deshacerse con urgencia?

Responda a las preguntas

1. ¿Cuáles son las respuestas típicas que los cristianos dan cuando se les pregunta por el propósito principal de la Iglesia?

2. ¿Cuál debería ser el fin y el motivo supremo de todos los creyentes en todo lo que hacen? ¿En qué contexto pueden los cristianos lograr eso mejor?
3. ¿Qué actividades cristianas podrían hacerse mejor si Dios se llevara a los creyentes al cielo?
4. ¿Cuáles son las dos formas en las que Dios llama a cada creyente? ¿En qué área de servicio desea que todos demos fruto?
5. Enumere cuatro características de un buen pescador que también son útiles para un buen evangelista.
6. ¿Con qué actitud empieza siempre el discipulado fiel?
7. ¿Cuántos seguidores de Jesús, entre ellos los apóstoles, probablemente estuvieran presentes cuando les dio la Gran Comisión (cp. 1 Co. 15:6)? ¿Qué sugiere esto en cuanto a la naturaleza de su aplicación?
8. ¿Por qué dudaban algunos todavía cuando vieron al Cristo resucitado en la montaña?
9. ¿Cuál es la esencia de la verdadera adoración, mostrada por el grupo de discípulos?
10. ¿Qué elementos comprende la autoridad absoluta de Cristo? ¿Por qué era necesario que la estableciera antes de darles la Gran Comisión?
11. ¿Qué término utilizó Cristo como el mandato central de la Gran Comisión? ¿Qué significa su raíz?
12. ¿Cuáles son las características de quien se convierte genuinamente a Jesucristo?
13. ¿En qué se diferencia el bautismo de Cristo del bautismo de Juan el Bautista?
14. ¿De qué tipo de pasión o celo carecían los discípulos al comienzo? ¿Qué factores les ayudaron a llenar ese vacío?
15. Enumere y comente al menos cuatro de las seis prácticas evangelísticas de Jesús, principios que todo creyente debe imitar.
16. ¿Qué actitud general ejemplificó Jesús en su ministerio?

Céntrese en la oración

- Dé gracias al Señor por el reto de la Gran Comisión y por los recursos espirituales que nos da para cumplir con ella.
- Pida al Espíritu de Dios que examine su corazón y le muestre cosas en su vida que pueden ser obstáculos para obedecer completamente la Gran Comisión. Ore para que le ayude a dejarlos a un lado y servir a Cristo con más dedicación.

Aplique la verdad

Memorice uno o más de los siguientes versículos: Mateo 28:19-20; Juan 15:5; Hechos 20:27; 2 Corintios 5:18-20; 1 Pedro 2:9.

CAPÍTULO 11: CÓMO TESTIFICAR

Resumen del capítulo

Cuando los cristianos comprenden que son testigos de Cristo y están motivados a testificar por razones bíblicas, aprenderán a expresar con claridad los elementos esenciales y los puntos clave del evangelio. También serán fieles en sus responsabilidades de seguimiento con los nuevos creyentes.

Primeros pasos (elija uno)

1. ¿Ha pensado alguna vez en la verdad del viejo dicho de que los testigos de un mismo incidente lo ven de maneras muy diferentes? Esto parece ser particularmente cierto con relación con un accidente de tránsito o un delito. ¿Ha tenido que poner en orden alguna vez los relatos contradictorios de un suceso tal? ¿Cuán difícil resultó ser? ¿Cuál fue la resolución final?
2. Puede ser frustrante cuando nuestros hijos, subordinados, compañeros de trabajo u otros nos preguntan por qué deben hacer algo que les pedimos. ¿Es siempre mejor explicarles la razón? ¿Cree usted que las personas son más productivas y eficaces cuando conocen la razón por la que hacen algo?

Responda a las preguntas

1. Defina lo que es un testigo de Cristo (ver 1 Jn. 1:3). ¿En qué se parece a la definición de un testigo en general?
2. ¿Qué papel desempeña el Espíritu Santo a favor de Cristo? ¿Qué les pide el Espíritu a los creyentes que testifiquen?
3. ¿Qué fruto consiguió el misionero John G. Paton por su disposición de sacrificarse por el bien de la difusión del evangelio?
4. ¿Cuál es la razón principal por la que se supone que debemos ser testigos de Cristo? Respalde su respuesta con al menos dos versículos de la Biblia.
5. ¿Cuál es la comprensión doctrinal necesaria para ser un buen testigo?
6. ¿Qué fundamento establece el testimonio puro de la iglesia local?
7. ¿Dónde tiene mayor impacto el testimonio personal puro?
8. ¿Qué metodología no bíblica debemos evitar al testificar, si recordamos que dependemos completamente del poder del Espíritu Santo para obtener resultados?
9. ¿Qué dejan muy claro las Escrituras sobre la naturaleza de la salvación? Cite al menos tres versículos que lo demuestran.
10. ¿Qué sucede cuando el Espíritu Santo ilumina a las personas a nivel espiritual?
11. ¿Qué exige Dios como resultado de su santidad? ¿Cuáles son los cuatro versículos de las Escrituras que lo demuestran?
12. Mencione cinco hechos o consecuencias, junto con las referencias bíblicas que los respalden, que se relacionan con la realidad del pecado del hombre.
13. ¿Cuáles son las seis verdades que no debemos dejar de decirles a las personas respecto a la Persona y obra de Jesucristo? Dé al menos una referencia bíblica para cada una.
14. ¿Qué tres cambios profundos del corazón y de la actitud exige Dios a cualquiera que realmente sea salvo?

15. ¿A qué conclusión llegó Jesús en su enseñanza sobre el costo del discipulado?
16. ¿Qué versículos proféticos del Antiguo Testamento exhortan a los pecadores a no demorarse en acudir al Señor?
17. Reitere los cuatro elementos básicos de seguimiento que son nuestra responsabilidad después de que Dios nos permite llevar a alguien a Cristo.

Céntrese en la oración

- Ore pidiendo al Señor que le dé confianza para equilibrar el uso de las verdades doctrinales en su testimonio: que no dude en su testimonio solo porque no ha estudiado mucha doctrina y que no participe en discusiones teológicas demasiado complejas, a costa de una presentación clara del evangelio.
- Ore para que su testimonio sea todo lo que debe ser para agradar al Señor y contribuir a un testimonio colectivo puro de su iglesia local.

Ponga en práctica la verdad

Asegúrese de tener buen entendimiento y comprensión firme de los conceptos que hemos estudiado en los capítulos 10 y 11. Si son nuevos y desconocidos para usted, repáselos y estúdielos con cuidado para que los conozca de memoria en los próximos dos o tres meses. Repase cada parte con un creyente maduro para poner a prueba su comprensión. Después, ore pidiendo oportunidades para hablarles a los perdidos. Si ya conoce bien los principios, pídale al Señor una oportunidad para presentárselos a un incrédulo durante el próximo mes.

EDITORIAL PORTAVOZ

NUESTRA VISIÓN

Maximizar el efecto de recursos cristianos de calidad que transforman vidas.

NUESTRA MISIÓN

Desarrollar y distribuir productos de calidad —con integridad y excelencia—, desde una perspectiva bíblica y confiable, que animen a las personas a conocer y servir a Jesucristo.

NUESTROS VALORES

Nuestros valores se encuentran fundamentados en la Biblia, fuente de toda verdad para hoy y para siempre. Nosotros ponemos en práctica estas verdades bíblicas como fundamento para las decisiones, normas y productos de nuestra compañía.

Valoramos la excelencia y la calidad
Valoramos la integridad y la confianza
Valoramos el mérito y la dignidad de los individuos y las relaciones
Valoramos el servicio
Valoramos la administración de los recursos